AF583015

Inocencia es... no dos

Angélica Manterola Botto

EDIQUID

INOCENCIA ES… NO DOS

Editado por: Corporación Ígneo, S.A.C.
para su sello editorial Ediquid
José Olaya 169, Ofic. 504, Miraflores. Lima, Perú
Primera edición, junio, 2024

ISBN: 978-612-5142-80-1
Tiraje: 50 ejemplares

Hecho el Depósito Legal en la Biblioteca Nacional del Perú N° 2024-04577
Se terminó de imprimir en junio del 2024 en:
ALEPH IMPRESIONES SRL
Jr. Risso Nro. 580 Lince, Lima

www.grupoigneo.com
Correo electrónico: contacto@grupoigneo.com | Teléfono: +51 955 071 270
Facebook: Grupo Ígneo | X: @editorialigneo | Instagram: @grupoigneo

Ilustraciones por Giada y Giorgia Smerghetto Rettig

Colección: Nuevas Voces

Índice de contenido

A mi querido esposo, que ha estado junto a mi durante todo este proceso del despertar; a mis queridos hijos Derek, Jennifer, Christopher y Moyra; y a mis amados nietos y nietas, quienes quisieron estar presente en ésta obra, acompañándome con las ilustraciones.

Prólogo

He llegado a entender que el sentido y el significado esencial de la existencia es la auto realización, comprendida en la liberación de uno mismo. Esta comprensión me ha dado una nueva forma de ver la *vida* que quise compartir desde esta abundancia.

Me he vuelto más consciente, más vigilante, más alerta y quise dar desde ese profundo núcleo interno, aunque no tenía claridad de cómo hacerlo. Es misterioso, porque toda la existencia es mágica y ese es el mensaje.

Apenas comenzó a tomar forma esta idea, fueron surgiendo las palabras, los versos fluían con rapidez y ritmo, desde lo que parecía un abundante manantial. Así se dio la poesía en mí, sin apenas yo saberlo, como si yo solo fuera un testigo, un cartero de lo incognoscible, cuya única tarea era entregar la carta a quien quiera o esté destinado a recibirla.

Escribiendo así, fui adentrándome en lo desconocido, conociéndome más... «con valentía atándome piedras a la cintura, profundizando en las honduras, de esta búsqueda del yo»... diluyéndome en el misterio de lo esencial, en ese espacio de «Silencio»... En ese vasto vacío entre cada verso, en el abismo sin fondo del *universo*.

Fue un intenso período que disfruté con una mezcla de asombro y dicha, pues todo calzaba y fluía con facilidad, como la naturaleza fresca y alegre de un río. Hasta que un día sentí que mi trabajo había concluido y ya no hubo más versos girando sin cesar en mi interior.

Lo siguiente fue encontrar imágenes que ilustraran algunos de los poemas que cantan a la abundancia de la Vida, que nos impregna y rodea a cada instante y que pasamos por alto con demasiada frecuencia, al olvidar quiénes somos, nuestra verdadera naturaleza.

Así consideré que los dibujos de mis nietas eran los que mejor ilustraban la inocencia perdida y dejada en el olvido, con la que podemos reencontrarnos en el corazón, estando más conscientes.

Inocencia es vivir «momento a momento», sin perder la capacidad de asombro. Es vivir en el momento presente, aceptando lo que es, sin elección, siempre descubriendo y explorando en el misterio de la existencia.

Los niños se pueden asombrar con que los árboles sean verdes sin saber nada de la clorofila, maravillarse con el vuelo de un pájaro, o persiguiendo la danza de una mariposa, sin conocer sus nombres. Cuanto más sabes, menos te asombras. En el momento que sabes y crees que sabes, has creado una barrera entre tú y la existencia. Has creado un ser separado, dividido. El conocimiento es separación. Al comer del árbol del conocimiento del bien y el mal, has perdido la inocencia; es la caída original.

Toda nuestra miseria y desdicha proviene de esta creencia en la separación, de estar separados y encerrados entre los muros de esta ilusión, donde hemos creado nuestros propios demonios y vamos buscando erradamente la felicidad en el mundo de los objetos, de las relaciones, a fin de completarnos; de sanar esta profunda herida.

La *vida* es mágica, circular, complementaria, intuitiva. Toda intuición viene del corazón. El arte, la música, la poesía te hacen más sensible a la belleza y te unen en su descripción a su danza sobre la naturaleza; Solo entonan una canción que viene del corazón.

No encontrarás respuestas auténticas acerca de la *verdad*, la felicidad, el amor o la comprensión; en la lógica, la teología, la filosofía o la ciencia. La mente no puede saber, porque no puede experimentar la *realidad*. La mente vive en la celda del tiempo. Solo conoce el pasado y se proyecta en el futuro. En el mundo del tiempo, no hay presente. En el momento que piensas, ya es pasado. El presente es la única ventana abierta a la *eternidad*. Es un movimiento vertical, pero hemos estado viviendo por siglos en la línea horizontal del tiempo.

La inteligencia no significa tener más conocimientos ni más experiencia, es estar más alerta, más presencial, tener más Consciencia.

Dios es una definición poética de la existencia. Es una red, un tejido invisible que se vuelve una danza. Es magia que se convierte en *amor*. El cielo está en todas partes, no se puede encontrar en alguna parte, no tiene límites y está justo frente a ti. Esta tan claro, que es difícil de ver. Sin embargo, la luz de la lámpara cae en todas partes, no la busques con una antorcha... Ábrete, disfruta, ¡relájate y mira! Está en los árboles, en los pájaros, en las montañas, en el mar. La puerta ha estado siempre abierta. Simplemente quédate en silencio, para que la danza penetre en ti.

Si te disuelves, si desapareces y no eres, sucede... Escucharás en cada canto, en cada brisa, en cada árbol, en cada *ser*, en la naturaleza misma de las cosas; la melodía de armonía con el *universo*.

En la experiencia mística el buscador se vuelve lo buscado y el amante se convierte en el *amado*; Es la liberación de ti mismo. El océano se precipita en la gota de rocío.

Entonces vives sin saber, pero sabiendo que no sabes...

Un gran *silencio* desciende sobre ti. Empiezas a desaparecer a desvanecerte... te fundes con el cosmos. Solo puedes presenciar, es la liberación de uno mismo.

El *amor* te desborda y cambia tu Consciencia que te lleva a la sincronía con el *universo*, a la espontaneidad.

Te conviertes de nuevo en un niño. Es un *renacer*...

Tú eres *yo*; yo eres *tú*. Es lo inexpresable.

Inocencia es... *no dos*.

Abierta a la verdad

Desde que abrí mi mente,
voy ligera de equipaje,
de métodos, dogmas, doctrinas,
y creencias que pertenecen
a las tradiciones, a la sociedad,
no a la ciencia de la *verdad*.

En la vía directa de la propia experiencia,
la indagación es la más importante y
elevada de las ciencias.
Del drama en el teatro de la *vida*,
me fui lentamente apartando.
A medida que me voy liberando,
a la *verdad* me voy acercando.

El propósito exterior se me va revelando,
con paz y alegría voy fluyendo,
en un río de aceptación me voy disolviendo.

El personaje y su historia
se van diluyendo
y solo persisten en la memoria.
Todo es actividad en el *ahora*.
La armonía del *universo*
con alegría va contribuyendo.

No hay nadie en casa,
la Gracia se ha manifestado.
La Consciencia al conocimiento
de mi verdadera naturaleza...
ha despertado.

Abrazar el silencio

Indivisible es el *ser*...
Así es también este *silencio*...
Este espacio entre dos eventos que,
 en la mente, aparenta ser el tiempo...
Este espacio bendecido,
que entre dos pensamientos
me regala el *silencio*.
Este *silencio* que me invade...
Y me inunda hasta consumirme
por completo.

Lo extraño y anhelo,
si se ausenta por un tiempo,
cuando en la vorágine de la vida,
se me pierde y no lo encuentro.
Me he ido acostumbrando
a su cálida *presencia*.
Me identifico más y más con su *fuente*
y en la nostalgia de su ausencia...
Ya no puedo percibir otra existencia.

Aparecen a veces en la mente,
fragmentos de mi historia.
Una vez que la comprendo,
la arrojo felizmente,
junto a máscaras y memoria,
permitiéndome entrar de lleno en el *ahora*.

Perdura así mi adicción a este dulce *silencio,*
del que me voy enamorando…
Que atestigua y la verdad
de *quien soy,* me va revelando.
Soy consciente de la Consciencia
y su *inherente felicidad,*
no hay nada más grande,
que la *revelación* de esta sagrada *verdad.*

Aceptación

Voy como el arroyo inocente y sin afán
que se dirige hacia el río,
voy danzando alegremente por el camino,
sin meta ni albedrío.

Disfrutando cada instante voy,
sin apegarme a ninguna orilla,
recordando que, sin elección ni autoría,
solo un instrumento soy.

Conociendo mi verdadera naturaleza,
fluyendo como el río voy,
escuchando el llamado del *océano*,
que me reconoce por *quien soy*.

Sé que no seré yo quien lo encuentre,
siempre fui solo una ilusión en mi mente.
Seré como un barco sin timón y vacío,
precipitándose en las profundidades
de lo desconocido...

Todo era nada más que un sueño.
Dormida soñaba yo
con este viaje por el río,
cruzando bosques, valles y montañas
en medio de luces, sombras
y experiencias extrañas,
llenando todos los espacios vacíos.

Despierto por fin en el *hogar*,
el cual mientras dormía
soñé que abandonaba,
aunque con curiosidad me preguntaba;
¡Cómo había podido dejar,
este *hogar* que tanto amaba!

Aceptación

Ahora sé...

Ahora sé que todo es Consciencia,
todo es *aquí, ahora.*
Es experiencia, ilusión y parte
sin nombre, ni división.
Que es el pensamiento que elabora
con juicios y conceptos,
quien divide y crea acción.

La Consciencia, se contrae y se limita
creando la manifestación.
El todo está en la parte
y la parte en el todo,
como arriba es abajo,
un misterio de la *creación.*

Los opuestos se fusionan
y en su modulación se encuentran.
Entonces sabes que nada sabes,
pero tu ignorancia es sabiduría
y todo es liberación.

A través de la Gracia
llega el regalo de la comprensión,
que nada hay fuera,
todo está dentro,
que todo es bendición.

La *vida* se transforma en aventura,
una paradoja sin opuestos,
sin juicios, sin pensamientos,
sin lógica, ni razón.

Buscando a mi yo

Buscando a mi yo

Me pregunto intensamente,
lo busco y no puedo encontrarlo,
aunque a ratos sí puedo vislumbrarlo.
Sin embargo, aunque alegre por momentos,
el yo ilusorio sufre y llora en sus lamentos.

¿Dónde mora y quién es
este yo que domina y controla?
Siempre escurridizo se oculta en la forma,
como el *océano* cuando se eleva en la ola.

Es cambiante y finito,
eso puedo observarlo.
Soy testigo de sus miedos,
sus deseos y sus historias.

De cómo se escabulle del *aquí* y el *ahora*,
confundido siempre en sus metas,
sus proyecciones, morando en su memoria.

En cuanto la luz de la *verdad* va brillando,
los demás pensamientos
se van apaciguando,
mientras de ese yo que sigo
y del cual soy *testigo*,
me voy desapegando.

Para no cruzar el puente
que a eternas reencarnaciones me conduce,
presto atención al *yo eterno,*
siguiendo al yo ilusorio hasta su fuente,
que con presteza se oculta en mi cuerpo/mente.

Quién valientemente se ata
a las honduras de esta búsqueda,
quizás pueda encontrar la *perla eterna,*
el tesoro escondido del *yo verdadero.*

Creí erradamente que algo *lo* ocultaba,
pero al atestiguar veo que era solo
el velo de la ignorancia lo que lo sepultaba.
Río entonces con una gran carcajada,
al descubrir que la *realidad*
a la ventana del *aquí* y *ahora*
estuvo siempre amarrada.

Comprendo por fin que mi cuerpo
es solo una proyección de la mente,
que es el reflejo de mi corazón ardiente.
Miro adentro hacia las profundidades de mi *ser,*
así voy destruyendo los sueños
que me hicieron nacer.
De pronto me encuentro en el espejo,
con el verdadero *amante,*
del cual soy un reflejo.

Concierto sagrado

Concierto sagrado

Me encantan los días lluviosos de invierno,
son paréntesis de ocio.
Puedo quedar guardada adentro,
quieta y en silencio,
darme el tiempo para escribir,
indagar en el autodescubrimiento.

Surge entonces la inspiración;
La poesía fluye con facilidad desde el corazón.
Gracias doy por tanta bendición,
he recibido los dones de la liberación.
¡Cuánta belleza escondida!
Descubro en la danza de mi jardín cada día.

Todo canta con amor y armonía,
entonando una dulce melodía,
de paz y celebración.
Llegan cada día hasta mi puerta,
diversos seres desde el espacio,
a engalanar de formas y colores mi patio.
Bendigo esta soledad y toda la creación…

Bosques vírgenes descuelgan,
de las laderas de las montañas,
circundadas de verdes valles,
de amarillas lomas pronunciadas.
Observo con admiración y asombro,

los cóndores volando en las alturas,
planeando sobre volcanes dormidos.

Queltehues revoloteando en círculos,
protegiendo a sus crías,
entre las ramas escondidas.
La intensa lluvia de trasfondo se escucha,
con su monótono sonido,
cayendo en diluvio sobre el techo de zinc.
El «Puelche» danza con los álamos,
rugiendo con su furioso silbido.

De pronto una luz intensa se abre paso,
entre las oscuras nubes, una cinta de raso
va dibujando una franja celeste en el cielo.
Con premura se cierra esta celestial ventana
y se desencadena con furia
una manga de granizos,
que martillando fuerte,
va extendiéndose en el suelo,
como blanca alfombra de balines de hielo.

Mientras yo deslumbrada de tanta belleza,
doy gracias al cielo,
por permitirme presenciar,
este espectáculo supremo de la *realidad.*
Lágrimas de emoción ruedan por mis mejillas,
este llanto, por cierto, no es de tristeza,
Es de gratitud por este *sagrado concierto*,
donde todo es milagro y huele a grandeza.

Conociendo la experiencia

Todo es puro conocer
de nuestra propia experiencia,
la que toma forma y acción
en esta obra de la manifestación.

Nuestra puerta al conocer son los sentidos,
vista, sabores, tacto, olores y sonidos.
Dale más atención al conocer
con el que son conocidos.

Este conocer impregna toda experiencia.
Ha estado siempre presente en nuestra vida,
no le he prestado atención como debía.
Tiene la habilidad de tomar de la forma, la apariencia.
Y creemos que comparte sus límites y su destino.

Quedamos así atrapados en el yo separado.
Observa, indaga en tu propia experiencia.
Y pregunta quién es el que busca una respuesta,
pero siempre solo en la ciencia.

Eres tú mismo... es pura Luz,
Pero tu atención está puesta en los objetos,
pasando por alto su invisible *presencia*,
te quedas así enredado en el sujeto.
Cuando todo lo que existe es este conocer,
puro, eterno, infinito y allí reside nuestra esencia.

Ha estado en el trasfondo de mi vida,
sin que nunca lo haya notado,
aunque siempre estaba presente,
porque era yo quien estuve ausente.
Es la Consciencia modificándose,
y conociéndose a *sí misma.*

En medio de toda experiencia,
y aunque nada más existe fuera,
aunque su descubrimiento es *belleza,*
verdad, amor, paz y felicidad,
aún buscaba respuestas en la dualidad.

En el mundo de los éxitos,
los placeres y en la ciencia,
reconocimiento y ambiciones
con mucha pasión,
descuidando indagar
sobre mi verdadera naturaleza,
los cuatro estados de Consciencia,
el sentido de la vida, y la rendición.

Consciencia divina

Consciencia divina,
lléname pronto de tu comprensión
para que pueda yo ser, en este *renacer*,
tu instrumento en la manifestación,
que no hay nada más sagrado en la *vida*
que esta amorosa misión.

Cuando en el mundo lo intenté todo,
buscando el secreto del tesoro escondido,
di un giro hacia adentro,
pues ya nada más tenía sentido,
ni la fe, ni creencia en lo prometido.
Di entonces comienzo a la abdicación,
en medio de la desesperación.

La historia personal se convirtió en falacia,
ya desesperada no le presté más atención.
El *testigo impersonal* emergió sin aviso,
se me fue revelando en medio de la Gracia,
fui dando los primeros pasos
de la verdadera *conversión*.

Algo nuevo se comenzó a abrir,
una *presencia* que no notaba,
pero que siempre estuvo allí,
Es la *presencia* silenciosa
que acabé por descubrir.

Dando pasos vacilantes,
voy intentando dejar atrás
ese mundo de fantasía,
de dolor y sufrimiento,
en el que bien creía,
con solo efímeros momentos de alegría.

Un mundo loco de poder,
vanidad y ficción,
en medio del cual comenzó a florecer
desde lo profundo,
la *flor del loto*,
en su impecable blancura y melancolía,
que desde el sucio fango crecía.

Para encontrarme
debo antes perderme,
para encontrar mi identidad verdadera
dejaré la identidad falsa,
que esconde y vela la imperecedera,
reflejándose como imagen en el espejo,
cuando solo se trata de *mi* reflejo.

Soy el *testigo impersonal*
de mi historia y la memoria ilusoria.
Quien puede entender esto,
tiene la Gracia y su bendición,
trascendió los secretos
del nacimiento y la extinción,
y ha encontrado su liberación.

Conversión

Vuelvo la vista hacia el origen;
la semilla que mora dentro,
en completa soledad.
La busco en el silencio
profundo de la intimidad.

Alejada del mundo y de toda distracción,
centro la atención en la Consciencia
y en lo que me dice el corazón.
Soy alguien que está en alguna parte.
Eso me dice la Consciencia,
aunque no sé dónde,
tal vez dentro o fuera del cuerpo,
localizada en la existencia.

Conmigo misma en paz estoy,
en la *vida* y el mundo, conociéndome,
encontrando la felicidad voy.
No tengo que preocuparme por nada,
porque, aunque no entienda del todo,
he encontrado la *paz*,
más allá de toda comprensión,
que siempre de *verdad* está permeada.

Ha cesado la investigación,
de quien soy yo y de cuál es mi misión.
¿Qué obtengo de esta profunda indagación?
La respuesta viene de mi propia experiencia;
Soy la *realidad* que escribe estas palabras.
Soy pura Consciencia,
ilimitada, eterna, infinita y universal.
La investigación se detiene...
cuando encuentro la *paz*
que con esta respuesta viene.

Cuando no eres...

Cuando no eres...
Todas las estrellas del cielo
están dentro de ti.
Cuando no eres...
Puedes fundirte en la existencia,
desaparecer, evaporarte, diluirte...
Cuando no eres... solo Dios *es*.
Todo se encuentra...
Eres por primera vez.

La dicha inocente va de la mano
del momento presente.
Este instante es el único momento,
no existe el tiempo
cuando estoy en mi centro.
Dejé de desear cosas en la periferia,
y de luchar o reprimir
mis pasiones adentro.
Se van ralentizando los pensamientos,
la mente desnuda va quedando
en quietud y silencio.

Se va disolviendo mi falsa identidad,
evaporándose cual burbuja la personalidad.
¿Dónde está el yo?
Me vuelvo hacia adentro para buscarlo...
No puedo encontrarlo...

Lo sigo hasta su fuente,
sin respuestas se va silenciando la mente.
Si lo encuentro, solo puedo atestiguarlo,
sospecho que es solo un concepto,
una creencia alejada de la *verdad.*
Ser *testigo* es el secreto de la *religiosidad.*

Entra la *duda,*
y la indagación tiene lugar;
No pertenezco a ningún país, ni religión.
No soy cristiana, judía, ni musulmana.
No tengo género, no tengo edad.
No soy el cuerpo, ni la mente.
Entonces... ¿cuál es mi *verdad*?
simplemente amarrarme al presente,
a la ventana de la *eternidad.*

Mi *verdad* es el *silencio,*
del sonido sin sonido,
de la mente, sin movimiento,
sin oscilación, ni pensamiento.
Es el *silencio* de la ausencia del yo,
en ese *silencio* empieza a aflorar,
una alegría espontánea
sin razón particular,
sin intentar trascendencia
que es solo su consecuencia.

Desde el cielo

Desde el cielo

Serpenteantes los ríos,
van dibujando viñetas,
bajando por las montañas
en simpáticas piruetas.

Las montañas me miran
con sus frías facciones,
imponentes, sombrías y soberbias
en onduladas elevaciones.

Los bosques se descuelgan,
desde cimas primaverales y serenas
en crespas, rizadas y verdosas melenas.
Curiosas las nubes observan todo
desde las alturas asombradas,
diseñando surcos
en juguetonas luces y sombras
sobre los cerros
y las montañas desordenadas.

Tras las nubes aparecen y desaparecen
allá abajo, pinturas rupestres en la tierra
en tonos arena, mostaza, tostado y siena.
La tierra va dibujando
diversas figuras geométricas.

Se van disipando
los blancos algodones,
a medida que me voy maravillando
con la naturaleza y sus dones.

Allá a lo lejos los volcanes,
de distinta silueta, pero señorío,
me saludan con majestuosidad y poderío.

Los lagos siempre quietos
y en participación amorosa,
quieren destacar sin ser menos,
con sus colores azules y turquesa
formando figuras caprichosas.

Como marco de fondo
y testigo de tan grandiosa fiesta,
se percibe un silencioso vacío,
con su perfume, una melodía,
un espacio, donde todo cabe
y se manifiesta en dichosa armonía.

Aparece al fin allá a lo lejos,
abajo en el valle,
la gran ciudad con todo,
su movimiento y sus detalles.
Caminos y atajos,
brillando al sol en figuras ordenadas,
entre praderas y verdes pastos
de muchas siembras conformada.

Voy bajando desde el cielo y la montaña,
de regreso al hogar y a mi destino.
¡Gracias, *universo*!
Hubo una mágica pausa en el camino.

El cartero de Dios

El cartero de Dios

Soy de Dios un instrumento,
nada pregunto y nada espero,
solo fluyo en el momento,
sin ilusión, ni deseo,
desaparece el tiempo...
Y todo es un misterio.

Vivo momento a momento
y en la ventana del presente
siempre me encuentro.
Fluyo en cada evento con aceptación,
en un río cósmico de agradecimiento.

Felicidad es:
Mirar temprano en la mañana,
lo que cada amanecer me regala;
La traslúcida luz que con sutiles pinceladas,
va pintando sobre nubes la alborada.

Está en la piedra y en la flor,
en el árbol añoso,
en la misteriosa montaña,
plena de leyendas lejanas.
En los pájaros que vuelan felices,
en bandadas sobre mi ventana.
En la lluvia que cae monótona,
sobre el techo de mi cabaña.

Es con mis nietas jugar,
reír, cantar y bailar
junto a la casita de la pradera.
Es en mi caballo poder confiar,
que paciente me espera,
cada día en la pesebrera,
para salir volando al viento;
Dos corazones unidos
en la aventura de una carrera.

Es ver desde mi ventana;
La poesía escrita en mi jardín,
entre el amarillo, blanco y azul jacinto
de las flores silvestres bordadas,
las nubes blancas dibujadas
en el cielo y las montañas.
Es poder saludar a Dios,
con gratitud cada mañana.

El gran misterio

Siendo yo misma esa *realidad,*
crecí creyendo que algo la ocultaba,
y que el camino a su encuentro
debería buscar,
para a ella poder llegar.

En este día río con la simple *verdad...*
Que *aquí* y *ahora,*
en el momento siempre presente,
está la felicidad.
No hay meta, ni camino,
ni hacedor que se apropia de los actos.
Cuando no estamos conscientes,
somos instrumentos,
esclavos de la mente y del destino.

No hay nadie...
Del *gran hacedor,*
todo es obra y arte...
Solo somos los actores
que jugamos nuestra parte,
en la obra que Su *mente* va creando.

El corazón es el origen,
el medio y el fin.
El espacio *supremo,*
donde la luz de la *verdad*
se va manifestando.

Quien conoce el secreto
del *amor* verdadero,
encuentra la liberación,
la *felicidad* y el mundo entero.

El guion sagrado

Que hay que desandar lo andado,
deshacer muros y cualquier nudo,
desaprender lo aprendido,
saber que no sabes,
quedar sin conceptos y al desnudo.

Volver al ser inocente
como el niño recién nacido,
aunque esta vez es diferente
porque ya es camino recorrido
y ahora estás consciente.

Es despertar del sueño
de ser el protagonista
y al mismo tiempo el escritor.
Que nada somos sino un sueño,
del *eterno* y *gran artista*,
que, en su movimiento
y perfecta modulación,
paga el precio de la limitación,
olvidando que es el verdadero *autor*
de toda la manifestación.

Que también *soy*,
quien percibe y el fruto de la percepción.
Que no importa lo que suceda,
que cuando todo es entendido,
todo es perfecto y cobra sentido,

No hay opuestos, ni tampoco hay dos,
Son complementarios y se fusionan,
se descorre el velo de la ignorancia,
que oculta la gran revelación.
Todo es *uno*
no hay separación,
Así está escrito el *Sagrado guion*.

El secreto abierto

Escapo de la ignorancia
y abro el secreto,
al observar que cuando
un objeto desaparece,
la Consciencia permanece.
Ella es única, ilimitada,
eterna y universal.

Este es el secreto abierto
que acaba con el miedo existencial;
Una sola es la *realidad*
de todos los seres del *universo*,
cualquiera que ella sea,
es también la *realidad*
que te recito en estos versos.

Los objetos son Consciencia.
Es lo que percibe nuestra *realidad*,
a través de la experiencia.
En ausencia de objetos,
no existe el tiempo.
La Consciencia se conoce a *sí misma*,
a través de *sí misma* en cada momento,
como *paz*, *comprensión*, *felicidad*
libertad, *belleza*, *eternidad*.

En el *«yo soy felicidad»*,
hay una percepción no fenoménica
y universal de la única *realidad*;
La *realidad* de la Consciencia
en esta *revelación*,
es el elemento esencial para la *liberación*.
La Consciencia no muere,
es la única *realidad*.
Todos pertenecemos a esta *totalidad*.

El sueño diurno

El sueño diurno

La Consciencia cae en el *sueño* profundo
de la *manifestación.*
Se contrae y limita, olvidando *quién es,*
y pierde la inocencia en su fragmentación.
Nace allí la división y el actor,
como un puente entre dos mundos.
Uno *real, infinito y eterno*, sin cambio,
y otro limitado, efímero de pura ilusión.

Recoge el actor el voto de los pensamientos,
sentimientos, decisiones y de cada acción,
como el personaje en la historia,
que, adueñándose del libreto,
danza al ritmo de su propia canción.
Bailarines somos de esta danza sin memoria,
en grandiosa representación,
asignándonos un nombre, un rol y un título.

Somos el productor, el actor y el espectador,
de nuestro propio drama,
sin recordar que todo lo que existe
es solo Consciencia en movimiento y modulación.
En el juego cósmico de la vigilia,
representas un personaje,
actor de mi Plan Divino.

En el sueño con sueños,
expandes la mente
olvidando tus limitaciones,
creas un mundo en tres dimensiones.
En sueño profundo sabes que no eres,
pero en vigilia lo olvidas
y vuelves al mundo.

Tres estados, tres misterios
que se repiten cada día.
Nada es lo que parece,
todo es extraordinario.
Quien puede entender esto,
hace caso de su intuición,
entiende el propósito de la *vida*
y el misterio de la liberación.

El último y el primero

El último y el primero

Mira al recién nacido
en su inocencia,
es puro conocer,
sin autoconsciencia.

Pasan los años,
va madurando y hombre se hace
con la experiencia.
Separando va al sujeto que conoce,
del objeto conocido.

Nace así la *dualidad*.
sin saberlo el *uno*,
se convierte en dos
y todo es concepto,
clasificación y cualidad.

Perplejo e indeciso,
el ser va forjando confusión,
entre dolor y sufrimiento,
va apareciendo la ilusión
del tiempo, en el pensamiento
y del espacio, en la percepción.

Lo que *es*,
nunca deja de ser.
Es *realidad* y vacío,

sin forma, ni nombre,
sin juicio, ni división.

No hay un mundo allá afuera
independiente de nuestra percepción.
Es solo una creencia,
fundamentada en la ciencia y la religión.

Todo es Consciencia,
solo existe el instante presente.
Lo efímero, lo que va y viene,
es percepción irreal y aparente.
Conocer es atributo de la *mente infinita*.
Se contrae y localiza como yo separado.

Paga el precio olvidando *quién es*
y de donde vino,
creando una mente finita,
un personaje y un destino.
La Consciencia *pura* y *trasparente*,
crea un protagonista, un actor
que va gradualmente emergiendo,
en el personaje presente.

El *ser* al oído
nos va susurrando mensajes de amor,
que después del despertar,
de regreso al mundo
nos van guiando,
cuando *quien es* va recordando.

El sabio va haciéndose camino,
desde la auto indagación,
llegando a la *verdad*,
va liberándose del destino
haciendo su camino,
con mucha humildad.

Siguiendo hasta su *fuente* al yo,
hasta llegar al Yo verdadero,
persigue a su sombra y
desvela el misterio de quien *es*,
eternamente el *último* y el *primero*.

Giada

Giada

Eres tan dulce y cariñosa,
un regalo de Dios en mis años postreros.
Llegaste a llenar mis días de ternura y felicidad,
con tu simpatía y generosidad.

Eres serena, paciente y minuciosa,
en todas las labores una verdadera diosa,
las que emprendes con gran esmero,
siempre dispuesta a ayudar,
con la más amorosa voluntad.

En casa, una cocinerita maravillosa.
En la granja con los animales y las aves,
una granjerita muy habilidosa.
Cuando vengo de visita,
me ofreces y preparas el desayuno.

Con especial dedicación y bondad,
todo es de especial calidad.
Preparas el mejor café que he degustado,
como este... no hay ninguno,
con la estampa de tu dulzura y tu amor,
en un corazón dibujado en la espuma,
y ¡harta canela que me encanta!
¡Es sin duda lo mejor!

Adoro nuestras charlas interminables,
diurnas y las nocturnas; las más adorables.
Recordando del día los acontecimientos,
compartiendo anécdotas amables,
en las quietas horas de total silencio.

Te interesas en mis cuentos de la infancia,
poniendo cariñosa atención en sus detalles,
que, para mi sorpresa,
no te pasan inadvertidos
y les otorgan especial fragancia,
especialmente si son divertidos.

Jugar contigo es una delicia,
un recuerdo muy querido y una nostalgia
de esos tiempos perdidos de la infancia...
Al almacén, las compras y a la familia,
y a tomar tecito con los vecinos,
que, tocando con prontitud el timbre,
anuncian su llegada.

Hay que sacar las tazas de fina loza
que mamá guardaba,
con mucho celo en el maletín de mimbre.
Con el Mickey, sus pantalones y corpiños,
cambiándole de ropa con presteza
para visitar la casa de otros niños.

A las encondidas, dentro de casa o en el jardín,
subida a los árboles con gran destreza,
cogiendo las uvas desde el parrón,
damascos y cerezas, también higos y frambuesas,
manzanas y ciruelas para la confección,
de las mermeladas de la abuela.

Pronto te veré convertida en un buen jinete,
sobre el lomo de Indiana, Olivia o Leticia,
cabalgar se vuelve una verdadera delicia.
Recorrer los cerros y el valle,
conociendo la naturaleza en todos sus detalles,
con la complicidad del clima y los vientos.
Esta hermosa experiencia
también la tuve yo en su momento.

Soy tu ñaña querida,
quien te recita estos versos,
como regalo y recuerdo
del cumpleaños de tus ocho años.
Para que le cuentes a tus niños,
que tuviste esta ñaña
un tanto diferente y tal vez extraña.

Que tuvo una vida variada y plena.
A veces un tanto difícil,
pero más bien buena,

que tiene sin fin de anécdotas,
mañas y algunas piruetas,
para entretener a las nietas.
Entre ellas; que fue jinete, profesor,
y entrenador de caballos,
en un lejano país del Norte.

Dibujante y traductor de buen porte.
Finalmente, como ya sabes
y conmigo has aprendido:
dibujante de monos locos,
que rompen en el arte
con todo lo establecido.
Harán que sueltes la mano
y aunque parezca sin sentido,
te ayudarán a liberarte,
a dibujar y pintar con lo que
te dicta el corazón y su latido.

Alcanzar el océano

Alcanzar el océano

No hay meta ni camino,
no es fácil ni difícil,
ya existes en la meta.
Ya estás *aquí* y *ahora.*
Si lo buscas, no lo encuentras,
pero solo es revelado al buscador;
Ya eres *eso.*

Solo mírate la punta de la nariz
y reirás cuando lo comprendas.
Eres el buscador y lo buscado,
eres el medio y el fin,
eres el discípulo y el maestro,
siempre has estado aquí.

Quédate en silencio,
ahí justo delante de ti,
hagas lo que hagas,
adonde sea que vayas,
está siempre frente a ti.
La *vida* es muy simple y directa,
pero no has podido vivirla
de la manera correcta.

Está justo frente a ti y
la buscas en otro lado.
Ya no hay un ir y venir.

Cuando todos tus deseos desaparecen,
delante de ti la *verdad* aparece.
Deja el intelecto a un lado,
a través de él no podrás comprender.
El único esfuerzo es mirar y ver.

Mientras más rápido te mueves,
más rápido te alejas.
No vayas a ningún sitio,
no hay ningún sitio al que debas ir.
Solo quédate *aquí* y *ahora.*
Si miras hacia la meta,
creas un camino
y te pierdes este *ahora,*
entonces ocurrirá en otro *ahora.*

Aquí y *ahora* son solo palabras,
pero tienes miedo y no te decides.
Sin miedo puedes saltar al abismo:
a lo desconocido...
Con miedo, una mitad de ti
se aferra a las orillas, a lo conocido.
Una vez que hayas dado un paso
hacia lo inexplorado,
ya no puedes volver atrás.

Tienes que mover tus dos alas.
Si estás indeciso,
te vuelves un prisionero del pasado,
todo se vuelve contradictorio.

Haces algo con una mano
y lo deshaces con la otra.
Estás dividido, impreciso,
atrapado en lo ilusorio.

El infierno es un lugar
donde la persona se estanca
y el cielo es donde te liberas.
Entonces... ¿qué esperas?
Eres libre y feliz por naturaleza.
La iluminación nunca se alcanza,
cuando ya no estás ahí... ocurre.
Y nunca va a ocurrirte a ti.

Entonces ya no eres un pequeño arroyo,
has caído al abismo del océano.
La luz de la Consciencia se convierte en
tu cama, en tu manta, en tu almohada.
Recuerda... el océano está en todas partes.
No importa donde estés o donde vayas,
todos lo alcanzan.

Los grandes ríos,
incluso los pequeños arroyos.
El movimiento es hermoso en sí mismo.
El río no piensa en la meta,
solo se mueve con alegría.
Si es grande alcanza y llega,
si es pequeño también alcanza y llega.
Todos florecen...

Si no hay meta, no hay miedo.
Si no hay miedo, no hay fracaso.
Ocurre cuando la casa está vacía,
cuando el barco va a la deriva.
Cuando caminas y no hay caminante,
cuando pintas y solo está el pintar,
cuando escribes y solo hay poesía...

Déjaselo a lo *supremo*,
tu canta y baila y no te preocupes,
déjaselo a Dios.
Puedes volverte un loco
en el sillón de un psicoanalista,
o puedes ser un loco de Dios...
Si la *vida* y la muerte ocurren sin ti...
¿Para qué te preocupas?

Giorgia

Giorgia

Siempre al despertar muy rezongona,
hasta que tomas tu leche;
para vestirte... una verdadera *odisea*,
donde todo te aprieta... da igual, lo que sea.
Polera, vestido, o pantalón,
también el zapato y el calzón.

Una vez libre de ataduras y afuera,
corriendo cual cervatillo, grácil y ligera,
desplazándote por la pradera,
cazando saltamontes o mariposas,
vas dejando a tu paso cualquier cosa
y el descalabro de un ciclón.

De naturaleza felina, fuerte y sigilosa,
como pantera muy celosa,
te comunicas con el reino animal,
con la facilidad de una diosa,
donde te aquietas y
te vuelves dulce y amorosa.

Cuando eras un bebé,
te recuerdo colgando de una pañoleta cruzada,
dormida, al pecho de mamá atada,
mientras ella sus labores realizaba.

De ella, heredaste esas cualidades,
que, con los animales
te brindan tantas bondades.

En casa, muy dispersa…
la mochila del colegio,
un verdadero caos,
donde vuelan los papeles,
pegamentos, lápices y pinceles,
en completa desorganización.

Para mamá un verdadero dolor de cabeza,
tratando de poner orden entre tanta agitación.
Quedarte quieta un rato es un problema serio,
que demanda muy buen criterio,
y gran complicación.

Consigues estar calmada cabalgando a
lomos de algún cuadrúpedo,
o jugando en el corral de las aves en
absorta contemplación.
Buscando amigarte con arañas y lagartijas,
o salvando algún pajarillo recién nacido,
que por desgracia ha caído de su nido
y está en riesgo de exterminación.

Muy pronto comprenderás que tu hermanita,
con quién a diario surgen pleitos y batallas,

pero también con quien juegas y te diviertes,
será siempre tu gran compañera y mejor amiga;
para ambas, una gran bendición y suerte.

Es tu ñaña quien te recita estos versos
como regalo de cumpleaños, a tus siete años.
De quien aprendiste algunas mañas,
sobre todo, las de un buen jinete
que a su juicio le sirvió en muchas ocasiones,
en competencias de adiestramiento,
salto y otras representaciones.

Felicidad es...

Nació Felicidad esta madrugada,
fue sorpresa y amorosa emoción su llegada.
Es esta energía del *ser*,
que se siente que fluye por doquier.
Se percibe una sutil conexión,
con otros seres del *universo*,
en esta especial ocasión.

Hoy quisieron participar,
de esta maravillosa fiesta de celebración,
donde se intuye con gran alegría,
una *paz* más allá de toda comprensión,
que nos llena el alma y el corazón;
Que todo vibra con la *vida*,
de esta santa bendición.
Percibo agradecimiento en cada árbol,
cada nube, cada montaña y cada flor.

Ella es oscura como la noche
y lleva la luz del día en la frente,
son dos polos de la *vida*,
que trae todo ser sintiente.
Cambiará de color en su madurez,
y blanca como nieve se habrá de ver.
De patas y cola blanca,
de negro al centro rayada,
muy largas y elegantes,
de figura estilizada.

Misteriosa es la vida y el camino,
que nos ha traído hasta este destino,
a nuestro pequeño *paraíso* perdido,
donde durante muchos años quise anidar.
Hoy es la experiencia de esta realidad,
que nos regala la Consciencia,
en este nuevo acontecer,
donde entre nosotros, en la familia,
a *sí misma* se quiere conocer.

Felicidad es…

Salirse de la rueda

Salirse de la rueda

Todo el *universo* es experiencia constante,
un ir y venir en el mundo de los sujetos,
como las olas del mar en movimiento ondulante,
la mente creativa va hilvanando objetos.

Eternamente la mente y el mundo,
van creando y aniquilando.
Todo se mueve efímero y cambiante.
Momento a momento, la rueda gira.
El centro de la rueda se mantiene en *cero*,
inmóvil, eterno, impasible,
sin forma, sin nombre, imperecedero.

Si lo buscas adentro
con paciencia y devoción
ello se encuentra en la *revelación*.
Cuando entiendes se une a ti,
no existe unión ni separación,
no hay opuestos, ni cualidades,
juicios, prejuicios, ni conceptos,
ni principio, ni fin.

Solo existió en tu mente limitada.
Imaginación, a través de los sentidos,
momento a momento, siempre cambiante,
lo que ves es *realidad* filtrada.

Condicionamiento y cultura,
que sumando y restando, solo forman nudos
finalmente, para y queda sin significado,
dejándote sin equipaje y al desnudo.

Vacío y parado en medio del *universo*,
mirando desde una estrella fugaz
y en perfecta sincronía,
maravillado dentro y fuera de lo Absoluto,
recitando pura e inocente poesía.

Hermanas

Hermanas

De pequeñas siempre unidas,
siendo yo la mayor,
por instrucción de mamá
a mi hermanita protegía.
Sin dejar yo que se le acercara
a mucho riesgo quien osara,
decirle algo que de alguna forma la dañara.

En invierno mientras mamá trabajaba,
de señora grande nos disfrazábamos
con elegantes pieles y sombreros,
irrumpiendo en su mágico ropero.
Zapatos de tacón alto y carteras usábamos
y en oscuros abrigos y trajes opulentos,
en las frías tardes de lluvia nos envolvíamos,
inspiradas en misteriosos personajes de cuentos.

En verano y primavera,
en la calle del barrio patinábamos,
creando juegos de almacén,
policías y ladrones,
al «alto y las naciones».
A la cuerda al ritmo de «La niña María»,
o al «Luche» saltando con la abuela.
Quien pasaba al verla reía
y la gente a viva voz decía:
«Si no lo viera, no lo creería».

A casa corriendo
como tromba entrábamos,
a refrescarnos con agüita helada,
mezclada de azúcar y harina tostada.
Una pandilla de alrededor de treinta éramos,
de todos los temperamentos y edades,
creciendo entre juegos y altercados,
fuimos dejando atrás estas amistades.

En desfile interminable día a día,
por nuestra calle pasaban
muchos personajes en sucesión:
Primero el lechero,
con sus botellas de vidrio guatonas,
dignas de exposición,
o repartiendo leche de buen surtido,
desde un gran recipiente de latón.

Antes del mediodía, el panadero,
con el recién horneado pan batido.
Por las tardes, el comprador de botellas,
periódicos y cartón.
De vez en cuando, un afilador de cuchillos y tijeras,
también muy requerido,
que se daba gran maña a su manera.

Más a lo lejos, el organillero,
con su loro parrandero, quién al azar elegía,
nuestras tarjetas de la suerte,
con gran osadía

causando entre nosotros gran expectación.
Siempre bien dispuesto y con alegría,
bailando al ritmo de su tambor,
con los brazos y el pie bien amarrado,
dándole al bombo con gran pasión.

Cada uno con su carretón,
su singular silbato y melodía,
anunciando a su lento paso,
su oficio con cierta melancolía.
De todos ellos, sin duda,
el heladero y sus helados cremosos,
el más esperado por todos nosotros,
como siempre muy deliciosos.

Todos ellos protagonistas
de una época en extinción,
que ya los niños en la calle no juegan,
ni se ven personajes de estos oficios,
ni tampoco existe tal entretención.

Hermanita querida,
no sabes cuanto te extraño,
no sé cómo voy a vivir tan lejos,
el destino nos lleva y trae,
nos junta y separa a discreción,
dejándonos sin libertad, ni elección.

Pasaron muchos años,
la vida nos fue llevando por diferentes caminos,
con mucho sufrimiento y duras penas,
que por tierras lejanas recorrimos,
con condicionamientos y creencias
que van diseñando y perpetuando cadenas.

¡Al fin nos reencontramos!
¡Qué paradoja de la vida!
Cuando nos vuelve a separar,
esta vez con la inocencia primordial,
como cuando jugábamos de niñas,
justo antes del regreso al *hogar*.

Hubo una luz

Una *luz radiante* inundó
el espacio y borró el tiempo,
dejándome prendida en una
ventana del momento.

Una brecha entre
dos pensamientos,
que captura y enamora
en el instante fugaz
del *ahora*...

Las respuestas llegan
veloces a mí,
cada vez que pregunto
por qué estamos aquí.

En este viaje,
pero en sueños,
en el tiempo y el espacio,
a un lugar sin distancia,
que nunca hemos dejado.

Dentro del gran sueño,
se vislumbra la *verdad*,
iniciando el *testigo*
este viaje de la *eternidad*.

Dice el sabio:
«El Yo, remueve al yo,
con todo, permanece Yo».

Uno es, *conocedor*
y conocido.
Aquel que arriba
y el lugar de arribo,
el veedor y el visto.

Quien entiende esto
por luz de la revelación,
está libre de ignorancia
también libre de razón.

Y quien no entiende
no ha respirado,
la esencia de su liberación.
Está en lo aparente
y en un tesoro oculto,
que ama ser conocido.

Para ello creó el mundo
como reflejo del rostro *suyo*,
el secreto está escondido
en lo profundo del corazón.

Jade = Giada

Mientras aún en el vientre de mamá estabas,
afanábamos buscándote un nombre.
Ese día un colibrí volando apareció
frente a la ventana de la cocina.

Por varios segundos allí permaneció,
suspendido en el aire aleteando,
con atención y asombro lo mirábamos,
como si un mensajero de otros mundos fuera
trayéndonos la respuesta que buscábamos.

Aparecieron dos ángeles esa noche en mi sueño,
que sobre las cosas del mundo
que fueron creadas me hablaron.
Me contaron que faltaba alguien,
que de un lugar a otro llevara,
los deseos y pensamientos de cada quién.

Como a los dioses el barro y el maíz les faltaron,
tomando una piedra de *jade*,
con ella una flecha muy pequeña tallaron.
Al terminarla y verla tan limpia y pura,
con mucho *amor* sobre ella soplaron.
¡Volando la flecha de *jade* salió!

Pero ya no era más una flecha de piedra,
sino un colibrí frágil y ligero.
Podía acercarse a las flores más delicadas,
sin mover un solo pétalo,
danzando alrededor en su mágico vuelo,
con la ligereza y liviandad de las hadas.

Un día el hombre le quiso atrapar,
los dioses enojados le increparon.
Desde entonces, se ha respetado
su libertad y su vuelo.
Si un colibrí vuela cerca de ti,
recuerda que está hecho,
de la piedra *sagrada de jade*;
que proporciona pureza, calma y protección.

Es símbolo del *amor* y la *felicidad*
que todo lo invade.
Déjalo que vuele muy cerca de ti,
pues de seguro que trae
o lleva un sabio mensaje.
Que tome tus pensamientos del corazón,
llevándolos hacia la persona amada
en su místico viaje.

Jade = Giada

La impersonal soledad

La impersonal soledad

Hoy vi 17 perdices en mi jardín...
en preciosa armonía buscando semillas,
que a un tiempo se alimentaban.
Una luz mágica prendió mi mirada,
que extasiada entre nubes divagaba,
mientras lágrimas de gozo,
de mis asombrados ojos brotaban.

El viento norte rugió atormentado,
lanzando fugaces flechas de luz,
destronando al trueno que con
imperiosa energía cae,
sobre las montañas en cadena;
rayos y truenos se desencadenan.

Una intensa cortina transparente se libera,
con inusual intensidad se viste de blanco,
cayendo en copiosas esferas.
Me sobrecoge la hermosura,
de este gélido paisaje,
montañoso, salvaje y rural,
que va empequeñeciéndome,
frente a este majestuoso temporal.

Desde mi ventana mirando al cielo,
me asombra la paleta de luces,
formas y colores que,

en el lienzo de mi desvelo,
va diseñando su obra maestra *el gran pintor*.
Un sinfín de pensamientos y recuerdos
cruzan como ráfaga mi mente,
capturados en cadena horizontal,
creando el tiempo y el espacio,
el personaje y su historia.

Frente al milagro de la naturaleza,
se refleja en todo el rostro de Dios.
Me veo a mí misma en *su* espejo,
siento la soledad primigenia...
de ser solo un reflejo.
Todo de Él, es *su* reflejo.
Lo *real* surgiendo me estremece,
desde este espacio vacío...
Desde la fuente sin tiempo ni espacio.

El lienzo coloreado de *su* creación
permanece inalterable,
sin cualidad ni elección.
Aquí no hay nadie;
No hay historia, tiempo, ni personaje.
Todo es conocer de la Consciencia
y su contenido: la experiencia.

¿Qué es el pensamiento,
la emoción y la acción?
Hemos creado una forma con su identificación.
Pregúntate... «¿Soy consciente?».

No esperes respuesta,
la sola pregunta crea la desidentificación.
Dios no conoce separación.
Él *es* la *impersonal soledad,*
la Consciencia infinita de la *no dualidad.*

Inocencia

Inocencia

Ya no sé nada.
No sé quién soy.
No soy mi nombre, ni mi ocupación.
Tampoco mi religión, mi raza, ni nacionalidad.
No soy mi profesión, oficio, ni mi edad.
No soy mi cuerpo, ni mis pensamientos,
mis sentimientos o mi emoción.

Ellos cambian constantemente.
No puedo ser lo que no es permanente,
ni puedo ser aquello de lo que soy consciente.
No puedo identificarme con lo que veo,
escucho o saboreo,
con lo que toco, huelo o siento.
Lo efímero, a fin de cuentas, se desvanece.

Por lo que soy lo que siempre está aquí,
solo la cabeza se ha ido.
Pregunto dónde está mi casa,
¿Quién soy yo?...
El intelecto no puede responderme,
pertenece a la mente y a la razón,
se crea el tiempo y nace una ilusión.

La raíz es el deseo,
cada vez necesitas más,
cada vez más rápido vas.
Mientras más corres, más te alejas.
Afuera nunca te podrás encontrar.
El tiempo es atómico,
se escabulle entre las manos,
como el agua del río,
si la buscas ya se ha ido.

Solo puedo vivir en este instante.
Buscar, pensar...
Es volverse a dormir... Es anhelar.
No busques, no pienses,
no anheles... no encuentres.
Todo está ahora, aquí mismo frente a ti.
Tu vida perdió la capacidad de *ser*.
Entraron las matemáticas y se perdió el placer.

Cuando el arquero tensa el arco
y piensa en ganar,
ya no está interesado en disparar.
Lo que importa es el cómo, no el objetivo.
No te intereses por el fin o el resultado.
Déjame a *mí* el fin, el resultado y el motivo.
La carta ha de ser entregada,
eres el cartero, pero estás dividido.

Te divide el deseo,
entra el nerviosismo y la ansiedad.
Pierdes parte de tu destreza y habilidad.
Los objetivos no están en tus manos,
recuerda que no eres nadie,
no eres el hacedor, ni el experimentador.
Quien hace y experimenta,
está en manos del *divino autor.*

La cara de Dios

Desde el vacío y la nada,
la cara de Dios es filtrada.
Desde la imaginación
y las limitaciones del pensamiento,
toma forma la materia
en la multiplicidad y diversidad
de las mil cosas y su razonamiento.

Desde el punto de vista localizado
del yo separado,
nace la dualidad y el mundo de los opuestos,
en vez de uno, todo es dos,
Nada es completo en *sí*,
todo es parte, por ello,
existe carencia en todas partes.

Busco mi otra mitad afuera,
en objetos, sustancias, sensaciones,
sentimientos, relaciones y sujetos.
Cuando lo que me falta está adentro
y en mi propia esencia lo encuentro.
Olvidé *quién soy*,
por eso veo división en todas partes.
En cada *ser*, en cada rostro,
en cada árbol, en el río,
en la montaña y en la flor.

Busco a tientas en la oscuridad,
intentando completarme
con la otra mitad.
Todo es forma, nombre y parte.
No existe un *todo* en ninguna parte.
Para completarme,
debo dejar de identificarme
con lo que percibo
a través del filtro de mis sentidos.

Tampoco soy el que percibe,
nace más allá con el *testigo*.
No hay que buscar más afuera.
Está en mirar muy profundo...
Muy adentro...
Y en morir al yo ilusorio,
en cada encuentro.

La duda

La duda es la pregunta...
La confianza es la respuesta.
La culpa engendró las religiones,
así estás siempre escindido,
haciendo elecciones.

La duda es bella...
Germina y florece en la confianza,
solo a través de ella,
la indagación llega sin tardanza.

La noche oscura es el útero del amanecer...
Es la duda,
úsala con alegría, déjala florecer...
Que está albergando un nuevo acontecer.

Es el peldaño más bajo de la escalera,
que te conduce al más alto.
No hay otra manera...
Quien no trasciende la duda,
tampoco puede obtener la confianza.

Debido a tu culpabilidad,
las religiones siempre han existido.
Sentirte bien no puedes,
porque siempre estás dividido.

Cuando estás libre de toda culpa,
eres religioso y vives en la verdad.
Pero ¿cómo vas a confiar,
si ni siquiera puedes dudar?
Nadie puede sentir absoluta seguridad,
sobre el terreno que se pisa,
primero hay que dudar.

Hay desasosiego, angustia, ansiedad…
Sigue… Busca, explora, indaga,
pero hazlo en completa soledad…

Dentro de ti ha vivido
tanto tiempo la oscuridad,
poco a poco se irá liberando
la energía de la seguridad.

La belleza no está en la rosa,
sobre ella solo danza y reposa.
No puedes ver la *luz,*
solo puedes ver su reflejo,
su consecuencia en el espejo.

La soledad es *uno*…
Es por tanto la esencia,
el centro que está en todo lugar
y a la vez en ninguno en particular.
No está dentro ni afuera.
Es el punto cero de la circunferencia.

¡Despierta! *Eres eso.*
Nunca ha habido separación...
Solo debes despertar de tu ensoñación.

La espina clavada en el corazón

Tengo una espina clavada en el corazón.
¡Es el ego quien me clava con su resplandor!
Aunque sé que es solo ilusión,
que nada soy, más que un espejismo,
en el árido y fútil desierto de la razón.

Me sigue como sombra,
a cada paso que doy.
Si percibo y atestiguo su presencia,
emigra y vuelve a surgir con amabilidad,
sutilmente por la puerta de atrás,
eligiendo mis momentos de debilidad.

Me quiere convencer de que es el amo,
y que es él, quien dirige el lugar,
pero suelo descubrirlo con mucha facilidad.
No me fusiono ya,
con su oculta identidad.

Quiere acompañarme
hasta las puertas de la *verdad*,
pero allí no hay sitio,
para que dos puedan entrar.
Si hay *uno*, tampoco puede pasar.
Si no hay nadie,
no hay puerta que traspasar.

Solo espacio vacío de la *no dualidad*,
sin nada que atestiguar.
Desaparecer en la eternidad del Absoluto,
es por fin mi regreso al *hogar*.
No hay más palabras que agregar,
solo gratitud infinita a Dios...
por el divino regalo del despertar.

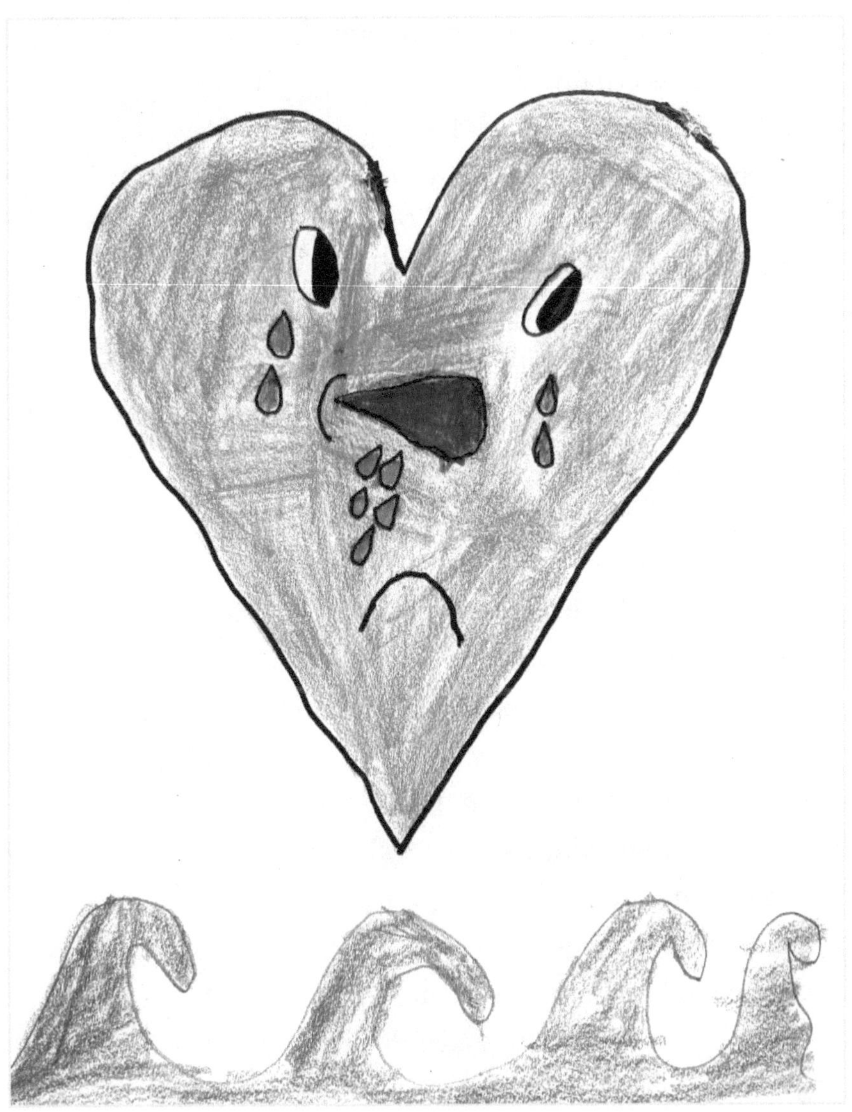

La espina clavada en el corazón

La Gracia

Cuando en *mí* piensas y recordándome llamas,
soy Yo quien eternamente te recuerda y te ama.
Irrumpe así la Gracia en mi vida,
con la imagen invisible de la *presencia*.

Soy Yo el deseo de liberarte de la ignorancia,
soy también la brecha creativa
desde donde nace la duda,
y se hacen trizas las creencias
con su seductora fragancia.

Soy el origen de esa taza
que vaciándose de viejas ilusiones,
va quedándose muda
liberándome de tantas pasiones.

Donde emerge un nuevo pensamiento
sobre la *verdad* de *quien soy*,
se van hilando preguntas
sobre el camino que voy...
¿Quién camina siempre a mi lado?
¿Quién enjuga mis lágrimas cuando olvido *quién* soy?
¿Quién goza, ríe y juega con mis adoradas niñas?
¿Quién guarda mis más íntimos secretos?

Cada vez que olvido *quién* soy y persigo objetos...
Me recuerdas que estas siempre *aquí*
y rápidamente me haces volver a *ti.*
Si en la *realidad absoluta* no existe un *tú* ni un *yo,*
porque todo es Consciencia...
No hay nadie más que pueda acreditar *presencia.*

¿Quién entonces si no, la Gracia...
Y solamente la Gracia *divina,*
hace posible la traducción,
que es pura y amorosa comprensión?
Que entre *tú* y *yo* no hay distancia ni camino,
sino solo hay pura y eterna liberación.

La mariposa

La Mariposa

Hace dos décadas,
de esta tierra me enamoré.
Aunque con decepción y mucha tristeza,
al transcurrir los años,
mi gran ilusión, de radicarnos aquí,
lentamente abandoné.

Fue amor a primera vista,
desde el día que la descubrí,
pude intuir su fisonomía salvaje e inexplorada
de montañas y valles, volcanes y lagunas
de todos colores anunciando la alborada,
ríos y hermosas cascadas,
bosques vírgenes que adoro…

Cuelgan ellos de las laderas desordenados,
como verdaderos tesoros,
en sinuosos crespos despeinados,
naturaleza virgen impenetrable,
de diversos verdes adornados.

Hoy los bosques me observan,
en su silente compañía,
de inmensa quietud impregnados.
Los árboles a la tierra muy bien arraigados,
sobre montañas y volcanes

de tamaños y formas caprichosas,
con sus blancas y hermosas cimas luminosas,
en eterno diálogo con vecinas nubes amistosas.

Las araucarias al descubierto,
van coronando sus bordes en las alturas.
De inusual valentía,
semejan enormes paraguas abiertos,
enfrentando gigantescas tormentas,
de noche y de día.

Los coigües creciendo siempre a sus costados,
cual fieles compañeros, brindándoles protección,
extienden sus generosos brazos hacia ellas,
queriendo alcanzar a estas milenarias doncellas.

El roble rojo centenario,
nombrado «hualle» en su juventud,
crece por doquier,
brindándonos sus digüeñes,
que en primavera es preciso recoger.
Acompañarlos del fragante cilantro es un deber,
para la preparación de la más peculiar
ensalada sureña que puedas comer.

De bajada hacia el río,
te encuentras con bosques de arrayanes,
en su llamativo tronco naranja
de artística asimetría,
que atraen a la vista como imanes.

Compiten en esta explosiva belleza de primavera,
vestidos de blancos pétalos,
los cerezos en flor,
que, con sus incipientes frutos estivales,
pronto se visten de festivos rojos,
de carnoso y delicioso sabor.

Aromáticos al pasar… los canelos,
no se pueden ignorar,
o el dulce aroma del ulmo,
que a la abeja atrae,
tal y cual el néctar que de él extrae.

El maqui, cuyo fruto viste de negro duelo,
con propiedades para una variada curación,
es preciso recolectarlo en cualquier ocasión,
e incluirlo en las agüitas de infusión.

A orillas del río son ellos silenciosos testigos,
poblados por sus buenos amigos;
las dulces golondrinas escurridizas,
que en las laderas del río
construyen sus nidos en la roca caliza.

El carpinterito o el pitío,
que entre los álamos hace nido,
lanzando por las tardes su peculiar sonido.
El carpintero de cabeza negra y el rojo,
siempre elegante y muy derecho,
frente al tronco se posa,

como mirándose al espejo.
Dándole duro y repetido se escucha el sonido,
como el de un taladro que golpea corto y seguido.

El cernícalo envuelto en su plumaje
un tanto divertido,
dibujado de rayas negras y naranja
de tonos dramáticos,
como toda ave rapaz,
se muestra muy capaz,
aunque bastante enigmático.

El martín pescador muy carismático,
destaca vestido de colores exuberantes,
de naranja, azul y blanco collar
siempre impecable y radiante.
La incansable bandurria,
paseando cada día por la pradera,
excavadora de gusanos cada tres pasos,
parece decirnos en su calmada manera...
«Para, mira, escucha...
Y saca una figura larguirucha».

De la familia de loros,
destaca la cachaña verde y el choroy,
ambos exploradores de la cordillera,
vuelan en bandadas o en collera,
buscando la nutritiva castaña o el pehuén.

Las familias numerosas de codornices,
cruzan el campo apresuradas,
por cierto, se ven siempre unidas y felices,
dando el toque social,
a este entorno tan quieto y especial.

El colibrí, en su inmenso candor,
vuela ágil y ligero,
portando importantes mensajes de amor.
En medio de este paisaje de gran esplendor,
se respira la perfección de la naturaleza,
de esta tierra de La Mariposa,
cuyo nombre conservé,
por su analogía con el camino de sabiduría.

La oruga recorre en intimidad,
las profundidades del *ser,*
como atándose piedras al fondo del mar.
Justo cuando cree que su final está por llegar,
se duerme profundamente dentro de su cascarón,
sin aceptar aún su transformación.

Esta crisálida es defensa o puente,
si despierta del sueño,
y rompe el cascarón, entiende *quien* es
y reconoce su *fuente,*
se encuentra a *sí misma...*
Se ve sin la mente.
Sabe entonces con certeza que ya no es oruga...
Sino que... es *mariposa.*

Para finalizar el recorrido de este paraíso perdido,
nos llega de lejos el estruendoso rumor del río,
que, desde el bajo y la isla,
nos llama a no desatender las lluvias torrenciales,
las crecidas de primavera,
que vienen desde la cordillera,
aumentando notablemente sus caudales.

De pronto al despedirse el día, desde
las oscuras siluetas de los álamos de la avenida,
cuando el sol se va fundiendo en la tierra,
nunca se sabe de dónde con certeza,
se escucha el melancólico canto del chucao
que estremece el alma con su delicadeza.
Me ha traído el *universo* a disfrutar,
hasta este pequeño paraíso antes de partir...
Aquí... ahora, he llegado por fin a vivir.

La misión

A mis 7 años tuve una visión.
En un sueño el Cristo se me apareció,
para encargarme una misión.
Al preguntarle yo cuál era
sin responderme desapareció.

Indagué por muchas décadas
buscando respuesta en cada rincón,
sin comprender ni sospechar,
que moraba en mi propio corazón,
provenía del encuentro
con el verdadero buscador.

En mi anhelo de investigación,
surgió la pregunta primordial:
¿Quién *soy yo*?
Poco a poco fui sumergiendo
la indagación en mi interior.
La respuesta vino desde lo profundo,
en el silencio de la meditación:

La misión es encontrar el lugar de *paz* eterna
que anhelamos y que alguna vez nos envolvió.
Desde el cual iniciamos un viaje
sin distancia, ni camino,
confundiéndolo muchas veces
con objetos del deseo y el destino.

Este anhelo por suplir
esta convicción sin sentido,
al pensar que somos este ser limitado,
incompleto y contraído
y nuestra nostalgia del *paraíso perdido*,
nos conduce a la auto indagación.

Eliminé todos los sistemas de creencias;
No seguí doctrinas, rituales, ni maestros.
Solo confíe en mi propia investigación,
preguntando en lo más profundo del corazón.
Comprender desde tu propia experiencia
nos da la alegría de la *revelación*.

Creer que quien escribe o lee estas palabras,
es un cuerpo o una mente separada,
eso es verdadera ignorancia y alienación,
es el origen del sentido de carencia
y desesperación.

Encontrar la *felicidad*, la *paz i*nterior
es nuestra principal misión,
en este sueño de vigilia de la *vida*.
No habrá ningún final de la búsqueda,
a no ser que encuentres al buscador.

El recuerdo del *paraíso perdido*
está tatuado en mi alma,
con el fuego del Cristo del sueño,
que no había comprendido.

La realidad es Consciencia

La *realidad* que percibe es Consciencia.
Existe una sola *realidad.*
Para comprender que en la *realidad*
no existe el tiempo... necesito tiempo.
Para experimentar el espacio... necesito vacío.

Envueltos estamos en forma permanente
en una paradoja de opuestos aparentes,
en el mundo ilusorio de la mente.
Esta crea división, fractura y parte,
dando nacimiento a la dualidad,
pero que nunca ha sido realidad.

Todo en el mundo fenoménico
es discontinuo, siempre viene y va.
Nada tiene continuidad.
La *realidad* es un *todo* indivisible.
Lo que hay entre dos eventos,
es Consciencia y es continua,
que es cualidad solo de la *realidad.*

Experimentar el tiempo es un imposible,
solo podemos experimentar el *ahora.*
La sensación del paso del tiempo,
tiene que ver con la discontinuidad
ilusoria de nuestra mente y la dualidad.

La sensación de continuidad
es la *presencia* continua de la *deidad*,
imposible de entender para la mente.
Consciencia es el espacio entre dos objetos.
Lo que viene y va, dentro y fuera
de la existencia, es experiencia.

Hay discontinuidad y se crea el tiempo.
Tiempo y espacio son experiencias
subjetivas de la Consciencia.
Nuestra experiencia no es de *ella* independiente
y es absolutamente real en el presente.

Debemos dejar de suponer
que somos una super mente.
Cuando entendemos que solo existe
una sola *realidad*, es natural
entender que el espacio y el tiempo
tampoco son independientes.

La sagrada comprensión

Desde pequeña busqué a Dios
en todas partes.
Por mucho tiempo vagué
de un lado a otro,
como alma perdida,
explorando en toda experiencia,
hasta caer sin esperanzas rendida.

Fui hundiéndome más y más
en mi propia miseria,
Me refugié entonces en la lectura del Advaita,
el sufismo y en el arte,
sin recurrir a ninguna otra parte.

A solas en las profundidades de mi *ser*...
mirando, me pregunté quien así sufría,
sin esperar respuesta alguna de la mente,
ya que poco a poco la desconocía.
Liberándome de ella al fin,
descubrí que tampoco yo existía.

Solo eran trucos de mi mente,
para hacerme creer que era
alguien separado y diferente.
Comprendí entonces que mirando muy adentro,
es el único lugar donde me encuentro.

No hay ningún otro lugar al que ir,
porque sin saberlo el buscador,
es a *quien* buscas alrededor
y es con quien has de partir.
A menos que conozcas
al buscador y su *verdad*,
tendrás que seguir tanteando en la oscuridad.

La Gracia del *entendimiento*
es dada por Dios y también
es Dios *quien* la recibe.
Es ella tan sagrada,
que nadie más la percibe.

Solo entonces sucede
de los milagros el mayor;
Me encuentro en todas partes
con el verdadero *amor* y lo sagrado,
tanto adentro como afuera,
en el corazón y en la naturaleza,
en cada rincón inesperado.

Tanto, como en otros seres
que también lo han recordado...
Así, en el silencio y el vacío,
vas tomando consciencia
de que no hay separación,
que esta es solo ilusión.

Que es solo aparente y radica en la mente,
que crea en el *todo*… división.
Al igual que el *tiempo*, el *espacio*
y la multiplicidad de objetos y sujetos
del mundo en ellos contenidos.
La *realidad* tal como *es*, no la vemos.
Solo percibirla a través de las limitaciones
de nuestros filtros cognitivos podemos.

Quien la recibe no es el buscador,
este desaparece al verse reflejado
en el espejo del Creador,
al recordar que solo es Consciencia,
conociéndose a *sí misma*,
a través de la experiencia.

Las mil máscaras del yo

Las mil máscaras del yo

Mil máscaras tiene el yo,
que ha sido mi amo por muchas vidas,
solo frustración y sufrimiento me ha entregado.
Enredada siempre en las ramas he quedado,
sin respuesta o solo alivio efímero,
todo ha sido una triste quimera.

Cansada de buscar afuera,
investigar la raíz de todos los males decidí,
alejada de toda organización o persona,
que tuviera doctrinas o respuestas para mí.
Intuía que ese yo condicionado,
tirano y separado...
dentro del cerebro no existe.

Aunque los materialistas sí lo afirman e indican,
pero nada más que en sueños y en la mente,
es un espejismo que persiste.
Es solo un pensamiento posterior
al pensar del momento,
el que se atribuye este pensamiento,
luego también la acción.

Somos instrumentos del *universo*,
pensados por el *gran pensador*.
Los pensamientos son eventos cósmicos,
lo único que sabemos es: «*Yo* sé que *soy*».
Soy el que percibe la materia...
Si la Consciencia que percibe y
conoce todo no fuera real,
¿Como podría percibir la *realidad*?

Lo absoluto

Siento que me invade este *silencio,*
toda gira sin cesar en la orilla.
Encuentro adentro un centro,
donde no existe movimiento.
Solo hay *quietud* y *paz.*

En realidad, nada soy.
Solo la existencia *es.*
Todo lo que hay es Consciencia,
sin límites, ni orillas.
Es el vacío dentro de la semilla,
de los agujeros negros del *universo.*

Mi mente se va volviendo,
cada vez más silenciosa...
con mis pensamientos
ya no hay lucha pretenciosa,
ellos han ido hilvanando consecuencias,
no he buscado ya, su trascendencia.
Solo *testigo* soy en cada experiencia.

Voy profundizando
en un mundo desconocido,
que he estado persiguiendo por miles de vidas.
Lo encuentro en la intimidad de este *silencio,*
donde me voy diluyendo y desaparece el tiempo,
dando paso a un infinito espacio.

Es tan obvio, siempre aquí estuvo.
Muchas veces lo pasé por alto;
Por estar tan cerca y buscar tan lejos.
No tiene definición, ni polaridad,
es pura *quietud*, puro atestiguar.
Se ausenta la mente y su singularidad
solo resta este quieto *silencio* con su *verdad*.

Siento la fusión original de la existencia,
con todos los seres; montañas,
árboles, pájaros... la tierra,
el océano, los lagos... los ríos.
Es entre estrellas infinito espacio vacío,
es todo el *universo* en él contenido.

En esta *quietud* del *ser*,
sin elección, ni oscilación,
desnuda de miedos y deseos,
acogiendo la muerte de cada momento,
donde solo hay *presencia* de la *realidad*,
la *verdad* última del *silencio*...
del *ser* y del *no ser*,
se desvela este absoluto y paradójico renacer.

Lo primordial

Estás siempre conectado con el *ser*,
atemporal y sin forma dentro de ti mismo,
es lo *primordial...*
Es un agujero negro que te atrae
hacia el centro de la galaxia como imán.
Y no lo reconoces, sin embargo,
es lo *primordial...*

La mente no entiende el misterio,
que habita fuera de ella,
lejos de todo concepto y criterio.
La intuición en un intento desesperado,
nos regala un fugaz vislumbre,
en el momento menos esperado.

La *nada primordial* está dentro de mí.
Yo *soy* antes del Big Bang
hace 6.000.000 millones de años.
Aún estoy aquí en constante expansión.
Hay tantos átomos en *mí*
como estrellas en la *galaxia*.

Búscame en la naturaleza, en el bosque,
en los ríos y las montañas,
en los amaneceres que tiñen las nubes
de tonos pasteles cada mañana.
De ese estado de alerta superior,
nacen los pensamientos creativos.

Eres naturaleza en proceso
de hacerse consciente de *sí misma.*
Posees el secreto del árbol en la semilla,
de la mariposa en la larva,
del *ser* en el *no ser,*
de la partícula de Dios, en la materia;
de lo Absoluto en el *yo soy.*

Le das tu atención a ella
y te devuelve su energía y su carisma.
Al mirar a la flor, sin nombrarla
la haces consciente de sí y su belleza.
Lo mismo al bosque, a la montaña
y a toda la preciosa naturaleza.

La percibes sin juicio, sin separación.
hay sentido de un continuo, de una unión,
de ser *uno*... no dos.
Emerge de la Consciencia,
si no la separas, si no la nombras,
eres *uno* con *ella* y no creas sombras.

Lo primordial

Liberación

Liberación

La mente quedó de pronto cautiva y atrapada,
a un muro de lamentos amarrada.
Se abrió un espacio entre dos pensamientos
y se detuvo el tiempo.
Fue vislumbre de otra dimensión...

El ego se fue yendo,
poco a poco apaciguando...
En la trayectoria del sufrimiento,
hacia adentro fue recorriendo...
Lentamente se fue desvaneciendo.

Ambos polos de una horizontal,
aparecieron en movimiento espiral,
se fueron uniendo, convirtiendo y
tejiendo entre ellos una amistad.

A codazos se abrió paso la *verdad*,
ya no hubo opuestos, miedos, carencia,
pasado, futuro, ni contradicción.
Todo es paz y armonía de la *totalidad* en modulación,
danzando con alegría en medio de su manifestación.

Gracias doy por el camino recorrido,
el sufrimiento... y el ego desvanecido,
pero por sobre todo... la aceptación.
La bendecida Gracia,
de esta milagrosa *comprensión*.

Manjares estivales

Primero llegan las cerezas,
dulces blandas y carnosas
al rojo encendido...
¡Muy deliciosas!

De atrás vienen las frambuesas,
con sus alegres coloridos,
que a cogerlas vienen
las nietas y sus deditos,
de espinas quedan heridos.

Luego y con gran prisa maduran
los damascos y ciruelas,
para la confección de mermeladas,
son los preferidos de la abuela.

Muy importante es la sandía,
que, haciéndole el quite a las pepas,
nada hay más refrescante,
durante los calores del día,
mejor aún combinada con harina tostada,
que es una costumbre muy ritual
de nuestro pueblo rural.

Junto a los melones,
los tunas y calameños,
de diferentes tamaños y sabores,
no quedan atrás en su empeño
de ser dulces como los mejores,
chorrean sus deliciosas mieles,
de diferentes colores.

Las uvas como siempre esperan,
y maduran al final, cuando los demás
se han retirado y como epílogo
de esta gran fiesta
solo restan los más osados.

De moscatel, son los granos más dulces,
la uva de mesa también se viste elegante
de verde, negro y rosado.
Los granos que se preservan para las cepas
de vinos y licores, de todos,
son siempre los mejores.

Como acto final de este grandioso festival,
nos llegan los higos, negros y blancos,
con piel o sin piel, son mis preferidos.
Se deslizan por la boca
exquisitos y carnosos,
con suavidad y extremada dulzura,
a la garganta llegan presurosos.

Mangos bien maduros y perfumados,
un deleite a los sentidos,
se visten de rojo y amarillo.
Vienen de tierras tropicales del Norte,
suaves y jugosos, de buen porte,
dentro de la boca muy resbalosos.

Manjares estivales,
con su impecable suavidad,
se disuelven en el paladar
como elixir de los dioses,
en modesta vanidad.
De la quinta nos llega la riqueza,
de estos frutos deliciosos,
de la divina naturaleza,
un regalo milagroso.

El misterio de las dos casas

Me sentaré en silencio
en la quietud del espacio vacío,
así en mi interior podré contemplar
el misterio de las dos casas:

Una pequeña, plena, subyugante,
de objetos e imágenes del mundo.
La otra grande, espaciosa y vacía,
sin nada que parezca apasionante.

Cruzar el puente entre ellas,
será el gran desafío,
para mi aparente libre albedrio.
Continuaré acercándome,
siguiendo el impulso divino,
voy dando pasos temerosos
de desaparecer en el vacío.

Cuando a mi rescate venga,
a *quien* busco con amor,
que es el verdadero *amor* mío,
se descorrerá el velo que nos separó,
estableciéndome en la quietud
de *quien soy yo*.

Estaré de regreso en el hogar,
después de un largo caminar,
pero sin camino, ni distancia
donde muchas veces me extravié,
tan cerca estaba, que por alto lo pasé.

Más cerca que mi propio corazón
está escondido este tesoro.
Nada hay más relevante en este mundo,
que la revelación del *ser*,
que mora hondo en lo más profundo.

El misterio de las dos casas

Mila y Galia

Mila y Galia

Dos ángeles su concepción anunciaron,
a través de dos preciosas garzas blancas,
que volando bajaron
y frente a sus asombrados papás,
en la laguna se posaron.

Desde el cielo a sus padres eligieron,
y mientras este milagro contemplaron
en un solo óvulo ambas a un tiempo se gestaron.
Preciosas e idénticas de bebés,
como dos gotas de agua,
a nosotros al principio se nos confundían,
pero a papá y mamá esto nunca les sucedía.

Algunas veces cuando ellos trabajaban,
ustedes al cuidado nuestro quedaban.
Para que el pecho de mamá no extrañasen,
cantando y bailando con ambas en los brazos,
horas felices transcurrían.
Ustedes entre contentas y divertidas,
observaban nuestra danza y los pasos,
que daban estos abuelos,
haciendo tanto revuelo.

Con sus ojazos inteligentes,
sus rebeldes crespos imponentes,
como indagando nos miraban
hasta que rendidas caían,
y de tanto alboroto se dormían.
Las acunábamos hasta que ellos llegaban
y de nuestra cama de madrugada las rescataban.

Galia algunas veces caminando de día,
como meditando contemplativa,
de vez en cuando solita al fondo
del parrón se nos iba,
y en el jardín un ratito se nos perdía.

Muy pronto crecieron y a sus dos añitos
demasiado rápido a un lugar muy distante
se nos fueron, dejándome triste
y desconsolada. Estaba ya tan apegada...
A jugar con ustedes acostumbrada.

Marchando y bailando íbamos en hilera,
al ritmo del pito de la samba brasilera.
Otras veces muy calladitas
y escondidas en mi baño,
hasta el bidet gateando llegaban,
fascinadas con las llaves del agua,
que a correr echaban
y muy pronto todo lo inundaban.

Mientras intentaba cocinarles almuerzo,
ustedes curioseaban metiendo la cabeza
dentro de los muebles de cocina,
sacando ollas y sartenes,
levantando una bataola de sonidos,
con estos juguetes entretenidos,
mientras las verduras volaban
desde el refrigerador,
repartiéndose por todo alrededor,
provocando un caos multicolor,
ustedes golpeando el piso con el uslero,
el colador, los cucharones y el mortero.

Yo divertida y a un tiempo apremiada,
sintiendo lo poco que avanzaba.
Consciente en la profundidad de mi alma,
de lo más importante y lo primero;
Esta bendición, la paz y la calma,
que Dios nos regala para disfrutar
en nuestros años postreros.
Galia y Mila junto a Atena,
su hermanita más pequeña,
llegaron a nuestra vida
a echarle más carbón y leña.

Momento a momento

Momento a momento

Momento a momento,
por el aparente camino voy,
desnudándome de creencias,
más liviana de equipaje estoy,
disfrutando la existencia,
amando más y más este vacío,
en cada experiencia de la Consciencia.

Aprendí a entrar en este misterioso *silencio*,
a vivir fluyendo en cualquier evento,
a morir y volver a nacer en cada encuentro.
El *universo* va regalándome en majestuoso gesto;
mágicos atardeceres naranja,
otros de rojos encendidos.

Preciosos amaneceres que,
vistiéndose de luces rosa y violeta,
van quedando entre las nubes prendidos,
asomando tras las cimas de los volcanes,
que, ¡gracias al cielo!, aún permanecen dormidos.
Los pájaros entonan canciones de bienvenida,
entre los álamos de la avenida,
saludando con alegría el milagro del nuevo día.

Explota con ardor la primavera,
en múltiples brotes, capullos y colores
como alfombra sobre la pradera.
Los saltamontes y grillos, en lengua singular,
componen un concierto, de trasfondo particular.
Todo es celebración, en la fiesta de la naturaleza,
exhibiendo su perfección, con sagrada destreza.

La noche llega... dibujando siluetas,
en oscuras sombras, se va extendiendo,
mientras al maravilloso día rural
con prontitud va despidiendo.
El cielo se viste de fiesta,
prendiendo sus luces en sucesión,
y yo voy dando gracias al *universo*,
por otro día de tan prodigiosa manifestación.

Pura Consciencia *soy*,
preñada de quietud y soledad voy,
danzando en la espiral de la existencia,
momento a momento, me voy disolviendo
en la *divina presencia*...

Moyra

Cuando apenas dabas tus primeros pasos,
gatitos recién nacidos,
llevabas siempre entre tus brazos,
que para que no se te escaparan,
con mucho amor,
acumulabas en un gran tambor.

Con la tortuga bajo la espalda,
te encontré una mañana aún dormida,
entre las sábanas muy bien escondida.
Desde pequeñita, con un Arca de Noé
despierta siempre soñabas,
poblada con una pareja de cada animal,
que tanto amabas.

Sheena, era tu personaje de película favorito.
Ella con mucha facilidad,
con los animales se comunicaba,
poniendo los dedos de su mano entre las cejas,
donde se ubica el tercer ojo
y las palabras innecesarias,
muy pronto de lado dejas.

De adolescente llegaste un buen día con Matea...
Una ninfa que por 25 años nos acompañaría,
esa era su expectativa de vida... así nos decías.
Pronto le buscaste pareja,

por varios años los Mateos nos acompañaron,
hasta que un día Matea habas crudas comió
y poco después falleció.

Quedaste muy desconsolada,
de tu gran corazón el *universo* se compadeció.
En poco tiempo el milagro de Dulcita,
volando del cielo llegó,
en un árbol de tu jardín se posó.

Con gran pasión, de regreso a casa
de cualquier salida venías,
con un perro abandonado, un pajarito herido,
algún cabrito del laboratorio de anatomía,
que con gran dedicación protegías y curabas,
hasta que su independencia y buena salud
recuperabas.

Ya en la Facultad de Veterinaria,
de las prácticas del laboratorio
o del matadero, llorando llegabas,
por los animales que salvar no alcanzabas.
Con franciscana devoción,
ser su ángel guardián
ha sido siempre tu principal preocupación,
aunque mucho tiempo y trabajo demanden,
no hay para ti mayor vocación.

Ya casada y madre de dos preciosas niñas,
entre tareas y rutinas,
el tiempo vuela y al igual que la bruma,
muy pronto se esfuma.
Tus niñas creciendo con gran rapidez van...
Y haciéndose hermosas jovencitas,
más pronto que tarde, algún día se irán.

Ahora en una perfecta granjera te has convertido,
realizando tu sueño rodeada de animales y mascotas,
con mucho trabajo y obligaciones,
todo el día en el campo con el balde y la pala,
limpiando corrales y pesebreras, de overol y botas,
cumpliendo funciones con gran responsabilidad,
dijiste adiós a la moda, al vestido, y a la ciudad...
Con todas sus falacias y superficialidad.

El tiempo que le das a tus niñas es precioso,
de todos los regalos, sin duda el más valioso.
Quizás no lo has comprendido todavía,
hasta que lleguen los años del invierno a tu *vida*...
Con el recuerdo de cada momento maravilloso.

El fin de las prisas y todo afán...
Cuando las horas transcurren sutilmente.
Te preguntarás entonces,
donde quedó perdido ese tiempo...
Cuando parecía transcurrir a veces tan rápido,
otras veces tan lento...
Pero siempre en eterno movimiento.

Tal vez con nostalgia,
desearás haber comprendido.
Haber despertado antes de este sueño sin sentido...
Que, entre prisas, desvelos y carreras,
te absorbe y distrae por completo,
buscando siempre en el exterior algún objeto,
que te brinde felicidad duradera.

Sabrás entonces que todo lo que hay,
está presente en cada momento...
Que hay que ir más lento...
Que no existe otro tiempo,
ni otro espacio...

Aprenderás a ir más despacio...
El pasado está en la mente y la memoria,
el futuro solo es imaginación.
Y todo lo demás es historia
y una mala traducción.

Aceptando y fluyendo en el *ahora*,
irás volviéndote hacia adentro...
dejando atrás tu historia.
Descubriéndote a ti misma en este encuentro...
Conociendo *quién* eres en *realidad*,
y el secreto de la verdadera *felicidad*.

Moyra

Paisajes de mi tierra

Paisajes de mi tierra

Larga y angosta es mi tierra,
Una franja de variedad inagotable
Entre cielo, mar y cordillera
su gente campesina, hospitalaria y amable.

En el norte está el desierto,
el más árido del mundo,
con sus paisajes de sal y luna
y sus pueblos de lento andar,
para palparlo basta atestiguar
el atardecer desde la cima de una duna.

Con lento caminar voy recorriendo
sus cerros de diversos tonos teñidos
de tierra quemada y sombras,
sienas, naranjas y magentas,
hacia el altiplano voy subiendo.

Parecen espejismos las lagunas,
de rosados flamencos sus reflejos,
no se sabe con precisión,
si son reales o sus espejos.

De madrugada los géiseres del Tatio,
en acción a la misma hora cada día,
causan verdadera expectación.
Lanzando al cielo sus hirvientes vapores,
en un mudo gemido de explosión.

En el centro hay clima templado,
pleno de cultivos se ha declarado.
De la fruta y las cepas los mejores vinos,
de gran prestigio connotados.

En lenguaje de los volcanes,
son sus señales y humaredas,
quienes nos hablan de antiguas culturas
con sus tradiciones y problemas.

Son testigos de tantas razas milenarias,
de historias de bosques bordadas,
surgidas frente a sus silenciosas laderas,
y lava ardiente petrificada.

Los vientos furiosos
simulan indomables huracanes,
nos recuerdan de improviso,
absurdas preocupaciones
y nuestros afanes.

En el sur las tempestades,
resuenan en el eco de su quehacer,
con impactantes rayos y truenos,
queriéndonos empequeñecer.

Que no te pille de sorpresa,
que no hay otra manera,
para poderse sobreponer,
a una tormenta en la cordillera,
se requiere experiencia y destreza.

De atrás vienen los terremotos,
cada diez o quince años,
que nos dejan muy complicados
con su destrucción y su alboroto.

Y si acompañados de tsunami llegan,
dejando nuestras costas desoladas,
aunque de naturaleza hermosa,
quedan playas y puertos desamparados.

Está nuestro país destinado
a ser de acción dramática.
En su loca geografía
y variedad climática.

Rebelde y grandiosa
se extiende la cordillera,
de gran envergadura,
muy elegante y sinuosa,
coronada de blancas cimas.

El cóndor vuela a gran altura
planeando en círculos encima,
con delicadeza y compostura,
dando el toque misterioso,
a tan espectacular paisaje,
se mueve lento y silencioso.

Muy al sur en el mapa,
los Campos de Hielo son famosos,
junto a la magia de los fiordos,
y los mares más furiosos.

Donde se juntan dos océanos,
el Atlántico y el Pacífico,
de diferentes cualidades y colores,
los vientos más fuertes rugen,
presentando sus honores.

Al Cabo de Hornos y su faro,
que al fin del mundo
han hecho historia,
viendo perecer barcos y veleros,

del mar en lo profundo,
junto a su tripulación de aventureros,
se guardan estos hechos en la memoria.

Donde abundan tierras,
de bosques y humedales inexplorados,
de flora y fauna singular decorados,
Mucho más abajo está la Antártida,
con sus hielos eternos
y sus días y noches extendidos.

Sus paisajes de impecables blancos,
fríos azules y turquesas encendidos.
De mirada distante son sus regimientos
de pingüinos de caminar elegante.
De todo hay en este singular paisaje,
no quiso Dios que nada faltase.

Cuando creó el mundo,
de todo le sobró,
y lo quiso poner en esta tierra,
que de una loca geografía
y esta hermosa variedad la obsequió.

Donde de todo quedó un poquito,
para a todos los gustos agradar,
pudiendo así enamorar,
a quien quiera tener de todo un pedacito.

Paraíso perdido

Paraíso perdido

Todo es *conocer* de la Consciencia.
La planta, el animal, el recién nacido,
todo está perdido en la experiencia.
No hay *conocedor* o conocido,
solo la experiencia del *conocer*.

Como la danza sin danzador,
la pintura sin pintor.
Es el *paraíso* perdido,
de la separación aparente,
sigue al yo hasta su *fuente*.

Este juega a las escondidas,
verás que nunca existió,
pero ha sido el amo de tu vida.
Crees ser un fragmento del *todo*,
con un cuerpo y mente limitado.

Busco incansablemente en objetos,
sensaciones, percepciones,
sustancias, imágenes y relaciones,
la felicidad siempre fugaz,
que invariablemente escapa.

El remedio es recordar,
suplir esta carencia,
del personaje imaginario,
y reconocer su ausencia.

El origen de este miedo:
Creer que soy un yo separado
temporal y finito.
He dejado de lado
mi verdadera naturaleza,
he olvidado *quién soy*.

Con el recuerdo llega la paz,
la belleza y la plenitud;
reconozco mi esencia,
el *amor* verdadero.
Soy conscientemente… *eso*…
que eternamente *es*
lo *último* y lo *primero*.

Percepción

Todo es percepción...
Si puedo percibirlo,
sí tiene forma, sí tiene límites,
si viene y va...
No es mi *eseidad*.
Solo existe la experiencia
y la experiencia es mente.
La naturaleza esencial de la mente,
es Consciencia.
¿Quién puede conocerla?

Solo puede conocerse a *sí misma*.
Solo ella permanece,
siempre presente y eterna,
más allá del tiempo y del espacio,
sin dimensión, ni límites ella prevalece.
Pasa por alto el conocimiento de *sí misma*,
lo olvida y asume la forma de la separación.
Conoce así la experiencia objetiva,
de la manifestación...

Se duerme a su propia *mente*.
Como resultado de este olvido,
se crea la mente finita
y la existencia aparente.

Desde ese punto de vista,
se divide en dos:
Nace así la *dualidad*;
Mente en el interior y materia en el exterior.
Al abrir los ojos, ve el mundo de la materia,
y cree que mora en la mente, en su interior.
Se olvida de *sí misma*,
perdiéndose en la Creación.

La herida profunda de la separación,
trae sufrimiento y se inicia la búsqueda
confundida en la ilusión.
El yo separado no es una entidad
independiente,
es una actividad o una agencia de la mente,
a través de la cual la Consciencia
puede conocerse a *sí misma*,
como el mundo, objetivamente.

El elemento esencial de la liberación,
es recordar con verdadera devoción,
que está en todo momento presente,
que es anterior a toda experiencia,
que, aunque no puedo definirla,
ni comprenderla con la mente o la razón,
aunque todo cambia y es efímero,
solo la Consciencia, y nada más que la
Consciencia… siempre permanece.

El tesoro escondido

Siento una *presencia* que,
silenciosa va revelándome su secreto.
Es ella sin distancia...
sin pretensión, ni objeto.

Ni cerca, ni lejos,
sin separación, ni unión.
No posee cualidad, ni distinción.
Conocer es su movimiento
y paz su descanso.
Belleza es su percepción y
amor su resonancia.

Experiencia es su manifestación,
alegría es su perfume.
Está en el *todo* y en la parte,
pero sobre todo en el vacío que nos une.

Por mucho tiempo la busqué,
pero nada encontré.
Ella permanece
escondida en la profundidad,
como un *misterioso tesoro*
que requiere ser encontrado,
más importante que el oro.

Sin saberlo yo,
buscaba a quien busca,
en el lugar equivocado.
Di por fin media vuelta
y vi al que buscaba.
Pero no fui yo
quien le encontró,
porque antes de saberlo
quién buscaba desapareció.

La *verdad* esquiva
a quien cree ser lo que no es.
Y quien yo creía ser desapareció,
antes de encontrar a quien buscaba.

Enamorarme de la *verdad*
fue el instante del divino regalo...
La Gracia llegó a mí,
como luna de miel
en un intervalo.

Encantándome con su dulzura,
para que yo te cantara estos versos,
que ahora le canto
con todo mi *amor* al *universo.*

El tesoro escondido

¿Quién soy yo?

¿Quién soy yo?
No me conozco en el tiempo, ni el espacio,
Es el tiempo del pensamiento
y el espacio de la percepción.
Solo vivo en el eterno *aquí* y *ahora*,
donde mi mente fue bautizada en el corazón.

La Gracia se encontró un día
con la entrega y la rendición.
Sé que percibo solo
mis propias percepciones,
teñidas por las gafas de mis sentidos,
que nada de lo que veo es *realidad*,
que no hay un mundo real,
que pueda percibir afuera, de verdad.

Todo surge desde la esencia.
Mis pensamientos van y vienen,
coloreando la tela en blanco del *sagrado pintor*.
Los pinceles se deslizan efímeros en
un movimiento del puro *conocedor*.

Pienso, elijo, divido, sufro,
río y lloro, en el teatro de la *vida*,
en que hay actividad y asumo el rol,
como agencia de la Consciencia,
tal como la *luna* refleja la luz del *sol*.

Recordé mi verdadero origen,
que este mundo es solo sombra y reflejo,
a nada me apego, ni me preocupo.
Nada deseo, ni busco, ni espero,
y del propósito del infinito me ocupo.

Actúo en el mundo de las mil cosas y
de los objetos, pero no le pertenezco.
Encontré el tesoro escondido,
sobre el cual estuve sentada
por muchas vidas como sujeto.
Recordé entonces en mi corazón,
que siempre lo había sabido,
aunque no a través de la razón.

En su búsqueda salí
para recorrer el camino sin camino,
arribando al lugar sin distancia,
del cual nunca había partido.
Desperté de mi sueño,
descubrí que soñando en mi cama
con el buscador estaba,
que, sin saberlo en la oscuridad
a *sí mismo* se buscaba.

Quietud

Quietud

Deja de correr, haz una pausa,
toma un descanso, quédate en quietud.
Busca en tu interior:
aquí y *ahora* es la única meta,
donde existe un remanso,
de *paz* y plenitud.

Lo descubre el sabio
después de tanta desventura,
cuando se desapega del pensamiento
y de toda su locura.
Cae el velo de la ilusión
y la *verdad* se revela,
totalmente pura.

La *vida* se vuelve entonces,
aceptación y aventura.
No hay nada que hacer,
ningún lugar al que ir,
ningún esfuerzo ni método que practicar,
solo al igual que el río… fluir y fluir.

Es el secreto mejor guardado
por las iglesias con gran celo,
por siglos resguardado.
Ejerciendo así el poder

a través del miedo existencial,
de modo que pienses que eres separado,
limitado, culpable y mortal.

Pecador siempre atrapado en el pasado,
debes mejorar tu yo separado,
para merecer la felicidad.
Así te mantienen cautivo,
entre las paredes de doctrinas y ritual,
alejándote más y más de tu naturaleza divina
y la totalidad de la *suprema realidad.*

Despierta de tu sueño
y hazte uno con la *verdad.*
No tengas miedo, no hay separación,
distancia ni camino, tampoco un destino.
Cuando despiertas te ríes,
nunca fuiste a ningún lado,
solo soñabas con ser separado
olvidando de que todo es Consciencia,
conociéndose a *sí misma,*
a través de la experiencia...

Quisiera hacerme trasparente

Para dejar pasar la *presencia*
y plasmarla en la pintura y la poesía,
quisiera hacerme trasparente.
Ayudar con la comprensión
de algún buscador o ser sufriente.
Aunque en el trasfondo sé,
que no soy nadie
y mucho menos la mente jamás he sido.

Para que *eso* que eternamente *soy*,
cumpla su propósito exterior y su cometido,
quisiera hacerme poeta,
para compartir esta comprensión.
Aunque me tilden de demente,
diré que solo existe la Consciencia,
que es consciente de toda experiencia;

Pensamientos, sentimientos, emociones,
imágenes, sensaciones y acciones;
no nos pertenecen.
Observa como vienen y van,
en incansables y cambiantes modulaciones,
sucesos y procesiones.

Pero que *quien* los percibe,
no viene ni va
y siempre inmutable permanece.
Investigarlo y explorarlo como una ciencia,
es lo más importante de la *vida.*

Conocer *quién soy,*
mi verdadera naturaleza;
lo que *es* nunca deja de *ser realidad,*
que es infinita, abundante
y es la única *verdad.*

Siempre presente, no estoy en la mente,
conformada solo por pensamientos,
que, como nubes pasajeras,
visitan el cielo...
y se las lleva el viento.
Descubrí que no existe,
ni es una entidad independiente.
De su propia inexistencia se ha vestido
y ha emprendido el vuelo...

Renacer

En este vacío,
lentamente me voy perdiendo
y adentrando en lo desconocido.
Preñada de este silencioso vacío,
me voy fusionando en la aventura
de fluir como el río.

Algo sagrado está a punto de nacer.
Finaliza la espera
y llega un nuevo amanecer.
No soy nada de lo que alguna vez fui,
de toda máscara, ilusión
y deseos me desprendí.

Comprendo que, del vacío al vacío,
vamos por diferentes caminos,
preguntándonos quienes somos
y cuál es nuestro destino.
El mayor de los destinos,
es encontrar el camino sin camino,
adentrarse en el vacío,
sin esfuerzo alguno.

Dejar de correr con sentido ninguno
y hacia el centro converger,
en la intimidad de este nuevo amanecer.
Desconocido para la sociedad,
será este nuevo *ser*,
que desde este íntimo centro,
en el *sagrado silencio*
del útero universal habrá de *renacer*.

Rendición

Tu *yo* nació desnudo,
sin nombre ni cualidades,
le fuiste añadiendo objetos,
máscaras y habilidades.

Olvidaste *quién eres*,
la *vida* te fue subyugando.
Proyectaste un mundo afuera,
de imágenes e ilusiones
que tu mente fue creando.

La decepción y el sufrimiento,
te vinieron a enseñar,
que afuera no existe nada,
que felicidad te pueda brindar.

Entrega de lo que no eres,
es sabiduría y bendición,
desnudo habitará *quien* quede,
después de rendirse,
quien busca la rendición.

Quietud, *belleza y paz*,
llenarán el corazón.
Es el regreso del hijo pródigo…
En casa del Padre,
habrá gran celebración.

Papá Noel y las creencias

Papá Noel y las creencias

Reviviendo los dulces años de inocencia,
a nuestros niños les relatamos
multitud de cuentos e historias,
que para todos perduran en la memoria,
siendo de entre ellas la más conocida,
la del señor del Polo Norte,
de barba blanca, alegre y bonachón,
que gusta del vaso de leche
y las galletas recién horneadas.

Nunca nos mostró su presencia,
sin embargo, fue dando origen a la ilusión,
el temor y la obediencia,
factor común a toda creencia.
Representa el inicio de los condicionamientos,
lo ficticio y todo lo demás que ya es historia.
Sumando la política y las religiones,
las iglesias con sus doctrinas y rituales,
tratando de hacernos pensar
a todos como iguales,
dando así origen a nuestra cultura
y sus fundamentos principales.

Somos ovejas de un rebaño,
de todas las naciones,
siendo gobernados por nuestras ilusiones,
olvidando que al verdadero Pastor

cuando reveló la *verdad*...
como rebelde lo crucificaron.
La sociedad es creyente y obediente,
sus creencias y condicionamientos
nunca se cuestionaron,
son para ella muy convenientes...

Fuimos construyendo muros imaginarios,
encerrándonos en pequeñas celdas,
sin puertas, ni candado,
donde se guarece el ilusorio yo separado,
de sus propios demonios por el creados.
No somos fragmento, ni lo efímero,
ni nada que pueda ser limitado.
Es el precio que paga la Consciencia,
para encontrarse a *sí misma*,
objetivamente en lo manifestado...

Hay que investigar,
no conformarse con lo establecido,
lo de nuestra cultura heredado.
Solo confía en lo que dice
tu propia investigación.
¿Quién es el que percibe,
piensa, siente, decide y actúa?
No es lo que viene y va,
ni tampoco lo percibido.

¿Quién es el que queda cuando
todo lo demás ha partido?
¿Quién estuvo antes,
para percibir el objeto percibido?
Como tal no tiene cualidades,
permanece indivisible,
silencioso en el trasfondo,
más allá de la mente,
del espacio y del tiempo,
habitualmente por ello ignorado.

Por ser demasiado obvio y conocido,
tan cerca como el espacio
entre cada respiración,
en el latido de tu propio corazón.
Busco allí y abrazo el *silencio*,
todo es vacío y entonces comprendo,
que como en la historia de Santa contada,
tolo era ilusión... una celda vacía,
espejismo de la *realidad* que es pura *luz*,
el secreto del tesoro escondido
en la revelación del Cristo de la Cruz.

Scirocco

Scirocco

Fuiste el amor de Moyra,
desde el día en que te adoptó.
Tú le correspondiste con el mismo cariño,
durante los cuatro años,
que la vida contigo compartió.

Fuiste siempre muy tímido.
Quizás que experiencias sufriste,
antes de este milagroso encuentro.
Escondido bajo la cama permanecías,
asomándote solo cuando por la noche,
a Moyra acercándose sentías.

Sacabas entonces una manito,
con ella una señal desde tu refugio hacías,
ronroneando muy bajito,
para que ella pronto se acostara,
y en el hueco de su brazo te acunara.

Tú, amorosamente contestabas,
este gesto de amor,
regalándole tus maravillosos masajes,
de silente compañía,
haciéndole saber el gran cariño,
que por ella tenías;
cuánto comprendías el cansancio,
por el extenuante trabajo que ella sentía.

Tu amor por Moyra fue tan grande,
que cada vez que ella de viaje salía,
dejabas de comer o te enfermabas.
De todos los gatos que he conocido,
tenías el temperamento más amoroso
y agradecido.

Fuiste una noche al dormitorio,
donde yo profundamente dormía.
Me confundiste con Moyra,
pero yo entonces no lo sabía.
Tanto la extrañabas y yo aún
no lo comprendía.

¡Cuando te subiste a mi cama,
me diste tamaño susto!
Al ver tu cara pegada a la mía.
Perdí entonces una gran oportunidad,
de sanar mis temores de infancia,
que aún me suelen rondar.

Esta mañana tuve esta triste noticia;
que estabas muy enfermo
y el veterinario a eutanasiarte venía.
Lo primero que cruzó mi mente
y aguijoneó mi razón,
es que sentí que había perdido,
la oportunidad de mi corazón.

Partí de inmediato a acompañarlos,
en esta despedida.
Al verte percibí con tristeza en tus ojitos,
como la luz de la *vida* se extinguía,
apagándose poco a poco,
iba quedando suspendida.

No querías mirar...
sabiendo que ya a nadie te podías apegar...
Era esta la despedida final,
de este cariñoso hogar,
donde Moyra te acogió,
para que conocieras lo que es amar.

Para poder trascender tus temores
y por fin descansar,
en tus últimos años de vida...
de mucha felicidad,
paz y amor poder disfrutar.

Ser o no ser

Si no pienso, se evapora mi mente,
y solo hay existencia.
Yo soy solo un pensamiento.
Cuando pienso creo un mundo
y siento que yo soy.
Pero solo Dios *es*.
Yo no puedo ser más allá de Él.
No existe más de una sola *realidad*,
Por tanto, solo puedo ser
parte de *esa totalidad*

Cuando no hay pensamiento...
Se abre paso la *verdad*.
Ella es sin tiempo,
sin espacio, ni movimiento.
Futuro y pasado son pensamientos.
La existencia se mueve,
momento a momento.

Aquí, ahora... El presente instante,
es la única *realidad*,
es la ventana a la *eternidad*.
Dios entra en mi casa
por la puerta del *silencio*,
cuando no hay pensamiento.
Solo Dios *es*, el yo aparente y separado no es...
Pero, sin embargo, Yo soy...

El yo separado no existe…
Es solo una ilusión,
demando de él liberación.
Ha de ser desarraigado de mi propio Yo.
Solo es un pensamiento que,
junto al árbol del conocimiento,
la creación del tiempo y el espacio;
en su caída original del Edén,
la serpiente del ego creó.

Siento un susurro en mis oídos

Siento un susurro en mis oídos
que dicta estos versos que no son míos.
Seré tu voz, tu mano y tu instrumento
para servirte *aquí, ahora*
y en todo momento.
Me sentaré en el silencio
y la quietud de tu espacio.
Así en mí podre develar el misterio
de la creación de los dos mundos.

Ellos son como dos casas:
la pequeña y subyugante
plena de pensamientos,
sentimientos, imágenes y objetos
de un mundo que creo conocer
pero que solo percibe el sujeto,
quien cree estar separado
pero no es más que un testigo,
del mundo que su mente ha proyectado.

La otra es grande y vacía,
para casi todos desconocida.
Con actos de libre albedrío
cruzar el río que las separa
se convierte en un gran desafío.
Acercándome voy

a la otra orilla del río
dando pasos temerosos,
de desaparecer en el vacío.

El deseo de esta experiencia
es mayor a la raíz del miedo.
Por un *acto* de la Gracia,
la *presencia* amada
se vislumbra en mi interior,
convirtiéndose en mí esencia
con el brillo y esplendor
de la *verdad* revelada.

La otra mitad del camino,
sin camino, ni distancia,
la cubre *tu amor*
que viene en rescate a mi liberación,
descorriendo el velo de la ignorancia,
que, en la manifestación,
aparentemente nos separó
revelándome la *verdad*;
el descubrimiento de *quien* soy *yo*.

No somos dos sino *uno*
Nada hay fuera o dentro de ti
ni fuera o dentro de *mí*,
que no seas *tú* o *yo*.
Este es el gran misterio y la inspiración
que hay que indagar

en el propio corazón.
Que no hay más noble propósito
en la *vida* que esta comprensión.

Que no estamos separados,
que esto es ilusión.
Que cuando dos se vuelven *uno*
no hay una relación.
Que cuando hay dos,
no es *amor*… es una relación.
Comprender esto es
una gran revelación.

Silencio

La *eternidad* ha entrado,
por la puerta del tiempo.
El tiempo se detiene y la mente desaparece.
Con gran asombro enmudece...
Algo sagrado va llenando el espacio vacío,
trae plenitud y la paz de lo desconocido,
más allá de toda comprensión y sentido.

El mundo allá afuera se convierte
en un trasfondo de lejanos sonidos,
como el de un sueño que se aleja
en una bruma de recuerdos al amanecer,
mientras en el espacio una tenue
fragancia comienza a emerger.
El *silencio* entra en mi casa vacía,
mientras mi barco va fluyendo
en el cosmos a la deriva.

Si pienso, entro de nuevo en la existencia
y escapo sin saberlo de este *silencio.*
Pero solo existe la *totalidad,*
soy parte de esa *realidad.*
No hay nadie adentro, ni afuera.
No hay reflejo...
Vacío se encuentra mi espejo.
El mundo que he creado
y toda mi ilusoria realidad,
se diluyen junto a mi falsa identidad.

Por tanto, me vuelvo a preguntar…
¿Soy consciente?
¿Quién pregunta?
La respuesta es evidente,
pero no viene de la mente.
La mente no puede saber.
Ella crea conocimiento y la fatuidad,
los condicionamientos, la memoria,
el espacio y el tiempo.

Queda por tanto en completo silencio,
muda frente a la *verdad*…
A la inocencia del no saber,
a la humildad de desaprender,
del Espíritu que a *sí mismo*
se llega a conocer.
¿Qué sabor tiene este *silencio*?
Es un viaje sin retorno,
siempre hacia adentro.
En este infinito conocer de mi propio *ser*,
me he ido enamorando hasta desaparecer.

Sin elección

Sin elección, ni elector
ni libre albedrío, ni pensador,
en el drama cósmico de la *vida*,
los pensamientos, acciones,
sentimientos y sensaciones,
son del *universo* y el *hacedor*.
Como el inexorable clima,
el destino va dando paso
al personaje y al actor.
Es el *juego divino*,
la película sin personaje
que conozca su guion.

Nos movemos pensando,
que tenemos libertad de acción,
para descubrir en el camino
que no somos dueños
de nuestro destino,
que solo podemos liberarnos
del sufrimiento y del drama,
cuando indaguemos en la mente
con todo el corazón,
quien de verdad somos y
Quien de verdad nos ama.

Todo acontece en la *mente divina.*
El rostro de Dios refractado y visto
por la mente finita, se contrae, localiza
y aparece como el mundo.
Surgen así, desconocidas siluetas;
la diversidad y multiplicidad
de los objetos y sujetos,
y el mundo de las mil cosas,
como cuerpos imaginarios
en el espacio vacío,
que adquieren forma y nombre
en la pluma del poeta.

Sin forma...

Sin nombre, sin forma,
ni textura, ni color.
Sin edad, ni cualidad;
es el *ser* esencial,
nuestra única *realidad.*

Nuestra limitada percepción
y los sentidos con su distorsión,
no nos permiten la visión
de la *realidad* última,
que solo conocemos por intuición.

No vemos la *realidad* como es,
solo la vemos como somos.
Es la proyección de la mente,
que, en la *mente* del *uno,*
es un reflejo...

Siéntate en quietud
y observa la mente.
Como nubes llegan pensamientos,
sentimientos, sensaciones,
imágenes, y percepciones,
van y vienen, como nubes transitorias.

Déjalas pasar...
No te embarques en su viaje,
ni te involucres con su trayectoria.
Sentirás que algo nuevo nace,
un *testigo silencioso*
que despierta de su sueño,
siempre presente y sin memoria...

Estaba dormido, pero no lo sabía.
Siempre estuvo ahí
esperando que lo notara,
que yo mirara hacia atrás
hasta que lo encontrara.
Me acostumbré a su *presencia*,
se convirtió en mi mejor amigo.

En las buenas y en las malas,
siempre estuvo conmigo.
Descubrí su *amor* incondicional,
su apertura y su vacío.
Escudriñé hasta el fondo
de ese *amor* del corazón mío.

Develé así el mayor misterio,
que deslumbra la mente humana,
para bautizarla en el corazón,
y dejarla unida a él,
como a su mejor hermana.

La Gracia… con mucha gracia,
fue revelándome su secreto;
sin separación, ni relación,
no hay un otro, como objeto.
La felicidad que todos buscamos
solo está en el *uno… no en dos.*
Este es el nombre sagrado de Dios…

Solo soy un reflejo

Solo soy un reflejo

Me pregunto intensamente,
lo busco y no puedo encontrarlo,
aunque a veces sí puedo vislumbrarlo.
Sin embargo,
aunque alegre por momentos,
el yo ilusorio sufre
y llora en sus lamentos.

¿Dónde mora y quién es este yo
que domina y controla?
Siempre escurridizo se oculta en la forma,
como el océano cuando se eleva en la ola.
Es cambiante y finito,
eso puedo observarlo.
Soy *testigo* de sus glorias,
sus miedos; sus deseos y sus historias.

De cómo se escabulle del *aquí* y el *ahora*,
confundido en sus metas,
sus proyecciones y en su memoria.
Los demás pensamientos
lentamente se van apaciguando,
mientras de ese yo que sigo,
y soy *testigo*, me voy desapegando,
en cuanto la luz de la *verdad*
poco a poco va brillando.

Para cruzar al otro lado del puente,
que a eternas reencarnaciones me conduce,
quiero prestar atención al *yo* eterno,
siguiendo a aquel que, como individuo,
se refugia en mi cuerpo/mente y me induce,
hasta dejarme totalmente confundido.

Quien valientemente se ata piedras a la cintura,
profundizando en las honduras,
de esta búsqueda del *yo*,
quizás pueda encontrar la *perla*
eterna del verdadero *yo*.
Creí erradamente,
que algo en mi mente la ocultaba,
pero al atestiguar,
veo que era solo el velo de la ignorancia,
aquello que la sepultaba.

Puedo lanzar al aire una gran carcajada,
al descubrir que la *realidad*,
estuvo siempre a la ventana
del *aquí* y *ahora* amarrada.
Comprendo por fin que mi cuerpo,
es proyección de la mente,
y ésta es solo un reflejo
de mi *corazón ardiente.*

Miro hacia adentro,
a las profundidades del *ser*,
así voy destruyendo los sueños,
que me hicieron nacer.
De pronto...
me encuentro cara a cara en el espejo,
con el *verdadero amante*...
del cual solo soy un reflejo.

Sueño de Dios soy

Siento la soledad del *ser uno...*
Este centro que está en todo lugar,
y a la vez en ninguno.
He bautizado la mente en mi corazón,
puedo utilizarla cuando quiero,
al servicio de esta indagación.

Es sin duda la más importante de las ciencias,
en el mundo de la investigación.
Sé con certeza que sueño o ilusión soy,
aunque sin recordarlo a veces,
buscándome con la mente voy.
Sé que con ella nunca podré encontrarme,
porque solo en la Mente de Dios estoy.

Todo lo que hay es Consciencia,
conociéndose a *sí misma*,
a través de la experiencia.
Sueña simultáneamente con la multiplicidad,
de seres y objetos de su manifestación.
Toma forma, se contrae, se focaliza, se limita,
se olvida de *sí misma* y nace así en aparente
separación... Esta es su transformación...

Soy la lluvia que lava y fecunda la tierra,
blanqueando de nieve la cordillera.
El rayo de luz que cruza veloz el cielo,

para alumbrar montañas, los bosques y el suelo.
Soy el trueno estremecedor,
que resuena con fiereza en mi interior.

Soy el árbol que, elevándose hacia el cielo,
entierra sus raíces
para alcanzar más profundidad.
Es la danza del *universo*,
en su majestuosidad,
a fin de hacerme comprender la *verdad*,
que abre paso al misterio
desde mi más profunda intimidad.

Siento ese vacío que todo lo llena,
de forma intensa y plena,
que capturado entre los muros
de la celda de mi ilusión,
por muchas vidas fue buscando,
entre sombras su eterna liberación.

Soy ese vacío...
Pero también fui las paredes
de mi propia creación.
Mi mente no llegaba a comprender,
que la *realidad* no podía ver.
Soy la Consciencia que todo lo contiene,
a través de la cual todo es percibido,
de la sustancia que todo está constituido.

Veo que no hay nadie, que todo es vacío...
Que no hay que buscar en la *vida* un sentido,
porque solo un sueño soy...
Levanto la vista y veo en el cielo,
el lienzo gigante de un sublime paisaje inundado.
Siento que *soy quien l*o ha creado
y es de mí misma, una extensión.

¿Por qué esta inusual soledad?
¿Por qué esta profunda sensación de *verdad*?
La respuesta no tarda en llegar,
en un vislumbre de esta *suprema realidad*...
¿Será solo mi intuición?
¿Es este el *juego divino* de la manifestación?

Tiempo y espacio

En la eternidad del momento presente,
he creado un continuo en mi mente,
tratando de ordenar los sucesos simultáneos,
creando una dimensión diferente.
Para experimentar el mundo de los objetos,
fui creando tres dimensiones del espacio
y una cuarta dimensión del tiempo,
percibiendo a través de los filtros cognitivos
del mundo de los sujetos y los sentidos.

Lo imposible se hace presente
al comprender que,
en un callejón sin salida,
si la respuesta está más allá de la mente...
¡Esa es la partida!
El final de la búsqueda acaba
cuando el sabio se rinde y se entrega,
lo improbable se ha vuelto certero,
al final del camino le espero.

Finalmente he entendido,
lo que nunca fue ni ha sido,
que todo lo andado y percibido,
lo que llegó y ya se ha ido,
existió solo en mi mente
y es vana ilusión,
producto de la identificación.

Que lo único real,
es lo que nunca ha cesado de ser
y es *presencia*, sin cualidad ni dimensión.

Ya lo revelaba así la intuición,
tantas veces ignorada en aras de la razón.
La *verdad* se revela;
la *felicidad* reside donde nadie la busca.
Está en la Consciencia...
En su movimiento, siempre presente, coloreando
y en permanente modulación de la experiencia.
Despierta a *sí misma*, se reconoce y se desvela.

Aunque al comienzo solo puedo optar
por la *felicidad* de la Consciencia,
en ausencia del mundo de seres
y objetos de la mente,
una vez develado el misterio de *quién soy*,
y ya de regreso en la *fuente*,
descubro que no son mutuamente excluyentes.

Todo es solo Consciencia

Sigo al yo hasta su *fuente*,
y veo que solo son juegos de la mente.
Descubrí que juega siempre a las escondidas,
que, aunque en la *realidad* nunca existió,
por mucho tiempo fue el amo de mi vida.

Es el origen del miedo existencial,
que en este cuerpo mente limitado,
es algo crucial.
Es quien busca en objetos,
percepciones, sujetos, sensaciones,
imágenes y relaciones; la *felicidad*...
Suplir esta carencia.

Este miedo de estar separado es demencia,
es el olvido de mi naturaleza esencial;
la sensación de ser un fragmento,
finito y temporal.
Soy *aquel* que conoce mi miedo,
pero que no es en *sí mismo*,
quien sufre el miedo.

Con el recuerdo de *quien soy*,
llega *paz* y plenitud a donde quiera que voy.
Soy la Consciencia siempre *presente*,
imperturbable y plena,
aunque en apariencia ajena.
No hay límite entre *ella* y la experiencia.

Tal como no hay borde
entre la película y la pantalla.
Todo es solo Consciencia
y su contenido; la experiencia.
Es el final de la búsqueda,
la *felicidad* de haber muerto al yo
y de haber renacido *en la inocencia.*

Tristeza

Descargan en segundos las nubes,
su infinita tristeza,
tímidamente en trasparentes lágrimas,
cayendo con sutil pereza.
Se desata intensa lluvia de llanto contenido
llenando el espacio con singular gemido.

Las tristes nubes no alcanzan a ver,
las ventanas azules que suelen emerger,
en el cielo muy cerca se pueden extender.
Que ellas pasan… que todo pasa,
que son siempre pasajeras,
que del tren del tiempo son viajeras.

Que lo que prevalece,
es ese cielo desapegado,
indiferente, infinito y sagrado,
que eternamente permanece.
Cuando estes triste pregúntate,
¿a quién viene esta tristeza?

Encontrarás un espacio,
entre sujeto y objeto,
donde te puedes des identificar
donde te puedes observar,
ante este *testigo*, con gran presteza,
desaparece la tristeza.

A poco amaina la lluvia de llanto,
que se congela cayendo en leves esferas.
Ellas van extendiendo su blanco manto,
por montañas, valles y laderas,
brindándome la *quietud*,
que por momentos extravié.

Recordándome que nada soy
que todo es existencia,
puro conocer de la Consciencia,
conociéndose a *sí misma*,
a través de la experiencia.

Tristeza

Vacío entre estrellas

Vacío entre estrellas

En este espacio vacío,
voy creando música en mi corazón,
buscando el sonido,
que sintoniza en mi interior.

Desde este silencioso centro de mi *ser*,
tomo consciencia de mi forma...
Siento con fuerza la energía del *universo*,
que me conecta a la tierra y como
un imán me hace mover.

Juega ella con un pincel en este lienzo
de tiempos y niveles diversos,
que me empujan como un elástico a encoger...
a estirar... En pausa, volver a respirar;
a inhalar... exhalar.
Abrir los brazos al cielo, intentando llegar.

Quisiera ser estrella solar o estrella de mar.
Enrollarme como semilla y cual ovillo en el suelo,
muy quieto quedar.
Sentir la fuerza del viento que me hace girar.
Envuelta estoy en una red de conexión invisible,
ligada a seres sintientes, muy prontos a danzar.

En el espacio armónico de esta preciosa *realidad*,
como corazón de nebulosa, danzamos unidos,
en sintonía y plena felicidad.

Volver a casa

Volver a casa

Cuando ya no tenga palabras que recitar,
y me inunde por completo este *silencio*,
será el momento de regresar,
mi vuelta a casa iniciar.

Es allí en la *eternidad*,
del momento presente
donde puedo descansar,
no volver a encarnar.
Parar la rueda, dejar de girar.

Morar en el *centro*,
sin deseo, ni movimiento.
Haber trascendido el miedo esencial,
de perder, morir, o desaparecer.
Si ya no estoy separada, ni soy especial...

¿Por qué habría de temer?
Soy parte de la Consciencia *universal*,
en la experiencia del conocer.
Atestiguar es mi sola función,
pues ya sé que todo es ilusión.

La *verdad* se encuentra en la cuarta dimensión.
Allí quisiera morar hasta cumplir mi misión.
No soy el pensador, ni el hacedor soy,
tampoco el experimentador.
Entonces... ¿quién soy?

El misterio se hace evidente,
no hay nadie que responda.
Es preciso investigar,
en las profundidades de la *fuente*.
La respuesta no pertenece a la mente,
ni al intelecto, ni a la razón.

Tampoco a la filosofía, ni la teología.
Solo puedo comprenderla,
estando abierta a la intuición.
Es un salto a lo desconocido,
sé que puedo caer en el vacío.

Es atreverse a cruzar el puente,
entre la ilusión y la *verdad*.
Está en las paradojas y en los *koans*
en el absurdo de su lógica circular.
En el juego del escondite divino,
queriéndonos guiar.

Como cuando de pequeños
jugando a las escondidas,
el buscador a veces podía escuchar
una ligera risita que revelaba el lugar.
Es el señalar...
es la risita de Dios.

Voy así... enamorándome

Voy así... en este camino,
sin tiempo ni edad,
enamorándome más y más,
descubriendo que soy amante de la *verdad*.

No sé si ella me persigue o yo la busco,
y se adueña de mi mente,
en forma permanente.
Hay días en que no consigo más,
por mucho que lo intente,
que estar absorta indagando en mi inconsciente.

Voy así... sin perseguir metas ni sueños,
fluyendo suspendida en la espiral de sucesos,
que van y vienen esfumándose en la distancia.
Aquí me encuentro ahora siempre en este *centro*,
que con *amor infinito* me abraza en *silencio*.

Voy así... otras veces con anhelo,
repuestas buscando,
que llegan inesperadamente,
como chispazos de intuición
en instantánea comprensión.

Voy así... descubriendo que,
en la *belleza*, la *verdad*,
la *comprensión*, el *amor* y la *paz*
reside la *felicidad*.
Voy así... deshojando capas de creencias,
lentamente disolviéndome
en desnudez y humildad,
hasta desaparecer en la *unidad*.

Ya no queda nadie, solo este nuevo florecer.
Voy así... encontrando la *paz* del *ser*
en la eternidad de la Consciencia,
que me mueve hacia adentro,
en total convergencia,
impulsándome a renacer en la inocencia
de cada momento y cada encuentro.

Voy así... encontrando en todas partes,
la semilla de la *divinidad*.
En el *árbol añoso y sabio*
que me observa desde el jardín.
En la *flor de silenciosa quietud* y generosidad,
que me regala su perfume y su fragilidad.
En *la sonrisa* que se cruza en mi camino,
en *la carcajada fresca* y cantarina *de un niño*.

Voy así... enamorándome

Yo soy...

¿Quién golpea desde dentro
la puerta de mi corazón?
Yo *soy* Consciencia pura,
presencia y la única *realidad*...
No hay nadie más.
No hay un *tú* ni un *yo*,
no hay dualidad.
Solo espacio vacío,
sin nombre, sin forma, ni cualidad.

Mi lenguaje es el *silencio*,
mi esencia; el *amor*.
No vengo, ni voy.
Aquí... y *ahora*, siempre estoy,
eternamente presente,
sin máscara ni rol.
Quien me busca no me encuentra...
¿Cómo podrías encontrar al buscador?
No hay nadie a quien buscar.

Lo acepto y a la *verdad*...
me entrego más y más.
Río más allá de todo juicio y sinrazón,
porque comprendo que tampoco
hay nadie a quien entregar.
«Lo que *es* siempre ha sido y será,
lo que *no es*, nunca llega a ser *realidad*».

Sin saberlo atravieso las puertas
del conocimiento, hacia la *liberación*,
llegando en completa *inocencia*,
hasta las puertas del corazón.
Ahora y *aquí*... despierta
de regreso en el *hogar* estoy,
en el *hogar* que tanto añoré,
del cual por muchas vidas
y solo en sueños me alejé.

www.ingramcontent.com/pod-product-compliance
Lightning Source LLC
LaVergne TN
LVHW041025150826
845672LV00001B/211

9786125142801